Fridericianum ❷

Naturkundemuseum ⓬
(Ottoneum)

Caricatura ❺

Das Stadtzentrum und der Norden S. 23

Herkules ㉟

㉞ Wasserspiele

Schloss ㉗
Wilhelmshöhe

Bergpark Wilhelmshöhe S. 60

Außerhalb des Stadtzentrums S. 54

Orangerie-schloss ⓮

Grimmwelt ⓴

Museum für ⓳
Sepulkralkultur

Das grüne Kassel und der Weinberg S. 41

W0191951

Inhalt

Liebe Leser,

die Inhalte aus diesem CityTrip wurden detailliert recherchiert und gewissenhaft kontrolliert. Allerdings bringt die Corona-Pandemie manche Unwägbarkeiten mit sich – auch in Kassel. Da bis zum Redaktionsschluss noch nicht im Detail absehbar war, wie sich diese Krise auf das wirtschaftliche, kulturelle und soziale Leben in der Stadt auswirken wird, kann es unter Umständen passieren, dass einzelne im Buch aufgeführte Angebote, insbesondere im gastronomischen Bereich, nur noch eingeschränkt oder gar nicht mehr existieren.

Trotz dieser Unwägbarkeiten soll der CityTrip Kassel stets auf dem aktuellsten Stand sein. Deshalb bitten wir Sie, den Verlag über mögliche Veränderungen zu informieren, damit wir sie über die Update-Funktion zum Buch (s. S. 143) allen Nutzern bereitstellen können.

Vielen Dank!

Zeichenerklärung

★★★ nicht verpassen
★★ besonders sehenswert
★ wichtig für speziell interessierte Besucher

[A1] Planquadrat im Kartenmaterial. Orte ohne diese Angabe liegen außerhalb unserer Karten. Ihre Lage kann aber wie die von allen Ortsmarken mithilfe der begleitenden Web-App angezeigt werden (s. S. 143).

Updates zum Buch

www.reise-know-how.de/
citytrip/kassel20

Vorwahlen

❯ für Deutschland: 0049
❯ für Kassel: 0561

Kassel ist immer in Bewegung und meistens kommt dabei etwas Spannendes heraus. Die wichtigste städtebauliche Aufgabe der vergangenen Jahre konnte jüngst erfolgreich abgeschlossen werden: die Sanierung der Königsstraße in der Innenstadt. Das Großprojekt, an dem seit Sommer 2015 gearbeitet wurde, soll dazu beitragen, der Fußgängerzone vom Rathaus bis zum Verkehrsknotenpunkt „Stern" ein zusammenhängendes Erscheinungsbild zu verleihen und sie zum Rückgrat eines attraktiven und modernen Zentrums zu machen. Neu gepflanzte Linden am Friedrichsplatz mit dem Museum Fridericianum (s. S. 24) sollen beispielsweise für eine grünere Optik sorgen.

Gearbeitet wird auch im Bergpark Wilhelmshöhe (s. S. 60): Dort werden Herkules, Löwenburg und Schloss jeweils mit einem zweistelligen Millionenaufwand umfassend saniert.

Fulda-Schleuse

Früher als ursprünglich geplant kann wohl die neue Schleuse an der Fulda in Betrieb genommen werden – voraussichtlich im Mai 2023. Nicht nur für Wassersportler, sondern für die gesamte Kasseler Bevölkerung ist der Neubau eine gute Nachricht. Die alte Schleuse durfte aufgrund baulicher Mängel nicht mehr von Fahrgastschiffen und Sportbooten benutzt werden.

Grimm's Living

Im Stadtteil Bad Wilhelmshöhe kann man wohnen wie im Märchen. Die Apartments von Grimm's Living (s. S. 128) sind nach den Geschichten der Brüder Grimm benannt und dazu passend eingerichtet.

002ka-df

CITY|TRIP
KASSEL

Nicht verpassen! Karte S. 3

2 Fridericianum [O2]
Das klassizistische Fridericianum ist eines der ältesten Museen auf dem europäischen Kontinent. Alle fünf Jahre wird der imposante Bau zum Mittelpunkt der documenta (s. S. 24).

5 Caricatura [N1]
Die „Galerie für Komische Kunst" ist eines der wichtigsten Komik- und Satirezentren Deutschlands und präsentiert neben Wechselausstellungen auch die besten Cartoons des Jahres (s. S. 29).

12 Naturkundemuseum (Ottoneum) [P2]
Das Ottoneum zählt nicht nur zu den schönsten Gebäuden in Kassel, sondern ist auch das älteste Theatergebäude Deutschlands. Heute beherbergt es das Naturkundemuseum (s. S. 38).

14 Orangerieschloss [P3]
Als Paradies für Freunde der Himmelskunde präsentiert sich das barocke Orangerieschloss in der Karlsaue. Neben der landgräflichen Sammlung wissenschaftlicher Instrumente begeistert auch Hessens größtes Planetarium die Besucher (s. S. 42).

19 Museum für Sepulkralkultur [N3]
Seit fast 30 Jahren werden in dem bundesweit einzigartigen Ausstellungshaus auf beeindruckende Weise die Themen Tod und Totengedenken in den Fokus gerückt (s. S. 49).

20 Grimmwelt [N3]
Die Brüder Grimm und die Stadt Kassel verband eine besondere Beziehung. Mit dem bahnbrechenden Bau auf dem Weinberg wurde den Sprachwissenschaftlern ein Denkmal gesetzt (s. S. 50).

27 Schloss Wilhelmshöhe [D2]
Das klassizistische Schloss beherbergt mehrere Museen. Während im Mitteltrakt die Gemäldegalerie „Alte Meister" und antike Skulpturen beheimatet sind, glänzt der Weißensteinflügel mit den Räumlichkeiten der landgräflichen Familie (s. S. 63).

34 Wasserspiele [A1]
Die Wasserspiele im Bergpark begeistern seit mehr als 300 Jahren die Massen. Höhepunkt ist die rund 50 Meter hohe Fontäne zum Abschluss (s. S. 70).

35 Herkules [A1]
Majestätisch thront das Wahrzeichen Kassels auf dem Gipfel des Karlsbergs. Von der Aussichtsplattform genießt man einen einmaligen Blick auf die Stadt und das gesamte Umland (s. S. 72).

Leichte Orientierung mit dem cleveren Nummernsystem

Die Sehenswürdigkeiten sind im Text und im Kartenmaterial mit derselben **magentafarbenen ovalen Nummer ❶** markiert. Alle anderen Lokalitäten wie Geschäfte, Restaurants usw. tragen ein **Symbol und eine fortlaufende rote Nummer (🛍1)**. Die Liste aller Orte befindet sich auf Seite 140, die Zeichenerklärung auf Seite 143.

KASSEL ENTDECKEN

Willkommen in Kassel

Langweilig, hässlich und gewöhnlich? Vorurteile über Kassel gibt es reichlich, doch bei näherer Betrachtung erweisen sie sich allesamt als unzutreffend. Allzu häufig werden die Glanzlichter der Stadt auf den Bergpark Wilhelmshöhe reduziert, der 2013 als UNESCO-Weltkulturerbe anerkannt wurde. Doch weit gefehlt! Kassel präsentiert sich als ein Sammelsurium von beeindruckenden Museen, einladenden Parkanlagen und weltberühmten Kunstwerken. Die Besonderheiten, Attraktionen und ganz speziellen Ecken Kassels lassen sich dabei auf verschiedene Weise erkunden.

Den Besuchern stehen verschiedene **Fortbewegungsmittel** zur Verfügung. Man hat die Wahl, ganz gemütlich zu Fuß zu gehen, sich an den zahlreichen verschiedenen Stationen ein Rad auszuleihen (s. S. 121) oder auf den gut ausgebauten öffentlichen Nahverkehr (s. S. 129) umzusteigen.

Abgesehen von ein paar Feiertagen und in der Regel montags haben die meisten Besucherattraktionen Kassels geöffnet. In der Innenstadt liegen zahlreiche Sehenswürdigkeiten eng beieinander. Die zentralen Anlaufpunkte wie der **Friedrichsplatz** ❷, die **Grimmwelt** ⟨20⟩ oder die **Martinskirche** ❽ lassen sich binnen weniger Minuten problemlos erlaufen. Die Weitläufigkeit der Stadt bringt es aber mit sich, dass man bei einigen anderen Sehenswürdigkeiten über eine Alternative zu den eigenen Füßen nachdenken sollte.

Ein Muss bei jedem Besuch ist zweifelsohne der **Bergpark Wilhelmshöhe** (s. S. 60). Für den Weg von der Innenstadt bis zum UNESCO-Weltkulturerbe muss zu Fuß allerdings rund eine Stunde eingerechnet werden. Zwar ist ein Spaziergang auf der prachtvoll gestalteten Wilhelmshöher Allee, die auf einer Länge von rund 4,6 Kilometern schnurstracks vom **Brüder-Grimm-Platz** ⟨22⟩ bis zum Bergpark verläuft, allein schon wegen des Blicks auf **Schloss Wilhelmshöhe** ⟨27⟩ und **Herkules** ⟨35⟩ durchaus lohnenswert. Wer nicht so weit laufen möchte, kann sich aber auch ganz entspannt in eine Tram der Linie 1 setzen, die vom Zentrum über den ICE-Bahnhof bis zum Fuß des Bergparks verkehrt.

◁ *Vorseite: Die Doppeltürme der Martinskirche* ❽ *sind eines der Wahrzeichen von Kassel*

◁ *Kassel lässt sich gut zu Fuß oder auch mit dem ÖPNV erkunden*

Kassel an einem Tag

Angesichts der zahlreichen – teilweise recht weitläufig verteilten – Sehenswürdigkeiten in der Stadt ist es nicht einfach, die nordhessische Metropole in nur wenigen Stunden komplett zu erkunden. Um aber einen Eindruck von Kassel zu gewinnen, empfiehlt sich ein Gang durch die Innenstadt, in deren direkter Umgebung sich diverse bedeutende Plätze, Museen und historische Bauwerke befinden. Binnen weniger Minuten erreicht man hier unter anderem mit der **Treppenstraße ❸** Deutschlands erste Fußgängerzone, mit dem **Ottoneum,** das heute als **Naturkundemu-**

seum ❷ genutzt wird, das erste feststehende Theatergebäude des Landes und mit dem **Fridericianum ❷** eines der ersten öffentlichen Museen auf dem europäischen Kontinent.

Man sollte sich von der vorherrschenden 1950er-Jahre-Architektur im Zentrum nicht täuschen lassen: Sehr wohl gibt es hier Plätze und Gebäude zu bestaunen, die eine jahrhundertealte Tradition vorweisen können. Auch das **Rathaus ❶** mit dem markanten Aschrottbrunnen vor dem Gebäude, die **Martinskirche ❽**, der Alt-

☐ *Blick von oben*
auf den Friedrichsplatz ❷

Die Stadt von oben

An diversen Orten in Kassel kann man einen wunderschönen Panoramablick über die gesamte Stadt genießen. Aufgrund seiner erhöhten Lage bietet sich diesbezüglich vor allem der **Bergpark** (s. S. 60) an. Am Irrgarten neben der **Löwenburg ㉝** befindet sich beispielsweise eine Bank, die nicht nur zum Ausruhen einlädt, sondern von der man auch einen exzellenten Ausblick über die Stadt hat. Wenn man den Aufstieg

geschafft hat, nimmt man zudem von der Aussichtsplattform am **Herkules ㉟** den Bergpark, die Stadt Kassel und die weitere Umgebung in den Blick.

Auch in der Innenstadt gibt es diverse Möglichkeiten, sich von exponierter Stellung aus einen Überblick über Kassel zu verschaffen. Sowohl vom Turm des **Hessischen Landesmuseums ㉓** als auch vom Dach der **Grimmwelt ⑳** kann man den Blick herrlich schweifen lassen.

004ka-cl

städter **Friedhof** 6, auf dem unter anderem die Mutter und die Schwester der Brüder Grimm begraben liegen, und die **Alte Brüderkirche** 11 mit angrenzendem **Renthof** gehören dazu.

Der zentrale Platz in der Innenstadt ist der **Friedrichsplatz** 2. Hier sind nicht nur diverse documenta-Kunstwerke zu bestaunen, sondern hier befinden sich neben dem **Fridericianum** 2 und dem **Naturkundemuseum** 12 auch das imposante **Staatstheater** 13 und die **documenta-Halle** (s. S. 19). Gleichzeitig kann man vom Friedrichsplatz auch gut die weitläufige Karlsaue mit dem barocken **Orangerieschloss** 14 anpeilen, die sich für ausgedehnte Spaziergänge eignet.

Ein paar Kilometer außerhalb des Zentrums gelegen, befindet sich der **Bergpark Wilhelmshöhe** (s. S. 60). Der größte Bergpark Europas fasziniert: 2013 als UNESCO-Weltkulturerbe anerkannt, kann man hier eine Vielzahl spektakulärer Sehenswürdigkeiten betrachten – und gleichzeitig einen hervorragenden Blick auf die gesamte Stadt genießen. Allein schon das **Schloss Wilhelmshöhe** 27 mit dem **Weißensteinflügel** 28, der einen spannenden Einblick in die fürstliche Wohnkultur gibt, der **Antikensammlung** 29 und der **Gemäldegalerie der Alten Meister** 30 sowie die mehr als acht Meter hohe Kupferstatue des **Herkules** 35 lohnen den Abstecher in den Kasseler Westen.

Wer zwischen Mai und Oktober an einem Mittwoch, Sonntag oder Feiertag den Bergpark aufsucht, wird bemerken, dass sich hier noch deutlich mehr Menschen als sonst tummeln. Tausende versammeln sich dann nachmittags im Park, um den spektakulären **Wasserspielen** 34 beizuwohnen – ein Programmpunkt, den man sich nicht entgehen lassen sollte.

Generell gilt aber: Will man diese Sehenswürdigkeiten nicht nur abhaken, sondern auch erleben, sollte man sich noch mindestens ein oder zwei Tage länger in der Stadt aufhalten.

⌂ *Das Fridericianum* 2 *gilt als erster rein klassizistischer Bau Deutschlands*

Das gibt es nur in Kassel

Wanderfreunde kommen auf dem **Kassel-Steig** *auf ihre Kosten. Der knapp 160 Kilometer lange Panoramaweg rund um das Kasseler Becken führt auf zwölf Etappen durch malerische Flusstäler, romantische Waldgebiete und spektakuläre Höhenzüge. Beginn und Endpunkt der Tour, auf der stolze 3000 Höhenmeter zu bewältigen sind, ist der Herkules* **35** *im Bergpark. Sämtliche Einzelstrecken sind mit den öffentlichen Verkehrsmitteln zu erreichen. Weitere Informationen gibt es unter www.hwgv-kassel. de/kassel-steig.*

In den vergangenen Jahren haben Nachbarn und Garteninteressierte im Vorderen Westen eine ungenutzte Rasenfläche in einen lebendigen Stadtgarten und einen Ort der Begegnung umgewandelt. Initiiert durch eine Künstlergruppe im Zuge der documenta 13, gibt es auf dem unterhalb der Stadthalle befindlichen, 1200 Quadratmeter großen **Gemeinschaftsgarten Huttenplatz** *reichlich zu sehen. Gemüsebeete, Blumenwiesen, Insektenhotel, Kräuterspirale und Wurmkiste: Die Anwohner haben ohne große Vorkenntnisse ein buntes Gartenbiotop geschaffen, das jedem offensteht.*

●1 *[dh]* **Gemeinschaftsgarten Huttenplatz**

Kassel darf sich nicht nur documenta-Stadt, sondern auch **Hauptstadt der Deutschen Märchenstraße** *nennen. Die gesamte Route, bei der man die wichtigsten Lebensstationen der Brüder Grimm und die Orte ihrer Märchen passiert, ist rund 700 Kilometer lang und führt von Hanau bis zu den Bremer Stadtmusikanten. Da die be-*

rühmten Sprachwissenschaftler lange Jahre in Kassel gewohnt und gearbeitet haben, fällt der Stadt als Herz dieser märchenhaften Entdeckungsreise eine besondere Bedeutung zu. Beliebt ist die Route nicht nur hierzulande: So gehören auch Gäste aus Amerika und Asien zu den wachsenden Besuchergruppen.

Zahlreiche Messen, Kongresse und Konzerte finden jedes Jahr auf dem Messegelände im Südosten Kassels statt. Ein besonderer Termin im Veranstaltungskalender ist dabei die **Bundesvogelschau,** *Deutschlands größte Vogelausstellung, bei der die Züchter ihre Sittiche, Papageien, Waldvögel und weiteren seltenen Tiere präsentieren (s. S. 100).*

⌂ *Die Brüder Grimm (s. S. 55) sind an vielen Stellen der Stadt präsent*

Kassel an einem Wochenende

1. Tag

Vormittags

Warum im Hotel frühstücken, wenn es doch in Kassel eine so hohe Dichte an empfehlenswerten Cafés gibt? In der Innenstadt bieten unter anderem das **Café Nenninger** (s. S. 87) und das **Stadtcafe** (s. S. 87) ein vielfältiges Angebot für einen guten Start in den Tag.

Nach der morgendlichen Stärkung steht der Vormittag ganz im Zeichen des Zentrums. Hier reihen sich zahlreiche Sehenswürdigkeiten wie das **Rathaus** ❶ oder die **Treppenstraße** ❸ aneinander, sodass die Zeit wie im Flug vergeht. Nach einer Besichtigung des **Friedrichsplatzes** ❷ mitsamt dem beeindruckenden Museum **Fridericianum** ❷ und dem **Naturkundemuseum** ⓬ lohnt sich ein Besuch in der historischen Altstadt, die zwar weitgehend im Zweiten Weltkrieg zerstört wurde, deren traditionsreichen Bauwerke wie die schon von Weitem sichtbare **Martinskirche** ❽, der **Druselturm** ❾ und die **Alte Brüderkirche** ⓫ aber einen Eindruck davon vermitteln, wie die Stadt noch vor einigen Jahrzehnten ausgesehen hat. In direkter Umgebung lockt auch die **Markthalle** ❿, eine der schönsten ihrer Art in Deutschland, mit einem breiten Angebot an frischen Speisen.

Nachmittags

Nach dem Mittagessen ist es Zeit für das grüne Kassel. Zunächst bietet es sich an, von der **Markthalle** ❿ in Richtung Rondell zu gehen, um dort entspannt am Fulda-Ufer entlang zu schlendern. Dort erreicht man zunächst die **Spitzhacke** (s. S. 21), eine zwölf Meter hohe und fünf Ton-nen schwere Stahlskulptur des Künstlers Claes Oldenburg für die documenta im Jahr 1982, und nur wenige Meter später befindet man sich in der 125 Hektar großen **Karlsaue**, in der man diversen interessanten Aktivitäten nachgehen kann. In dem prachtvollen **Orangerieschloss** ⓮ kann man die landgräfliche Sammlung wissenschaftlicher Instrumente wie Mikroskope, Rechenmaschinen oder Fernrohre bestaunen. Neben dem **Astronomisch-Physikalischen Kabinett** beherbergt das Schloss aber auch noch Hessens größtes **Planetarium** mit regelmäßigen Vorführungen und auch außerhalb des Schlosses kann man sich von den Planeten fesseln lassen. Über den **Planetenwanderweg** (s. S. 43) erreicht man die idyllische Schwaneninsel mit dem kleinen Tempel in der Mitte.

Nur wenige Gehminuten entfernt kann man sich auf der **Blumeninsel Siebenbergen** ⓰ an einem farbenfrohen Blütenmeer ergötzen und daran anschließend einen Abstecher zum **Weinberg** (s. S. 41) südwestlich des Stadtzentrums machen, von dem man nicht nur einen herrlichen Blick auf die Umgebung genießen kann, sondern auch in Sachen Kunst und Kultur auf seine Kosten kommt – unter anderem bei einem Besuch der nicht nur wegen ihrer Architektur spektakulären **Grimmwelt** ⓴, des **Museums für Sepulkralkultur** ⓳ oder der **Neuen Galerie** ㉑.

▷ *Die Neue Galerie* ㉑ *beherbergt beeindruckende Gemälde und Skulpturen*

Abends

Die vielen frisch gewonnenen Eindrücke sollte man danach bei einem leckeren Abendessen verarbeiten. Nur wenige Gehminuten vom Weinberg findet man mit dem **Humboldt 1a** (s. S. 84), **Lohmann** (s. S. 84) oder dem **Eckstein** (s. S. 83) vorzügliche Adressen, um den Tag mit guten Speisen abzurunden. Daneben locken im Bereich der Innenstadt aber auch noch eine Vielzahl weiterer empfehlenswerter Lokale, bei deren Angeboten für jeden Geschmack etwas dabei sein dürfte. Wen es danach noch nicht ins Hotel zieht, sollte nachschauen, ob im **Staatstheater** ⑬ ein interessantes Schauspiel, eine Oper oder eine Tanzaufführung auf dem Programm stehen oder im **Theaterstübchen** (s. S. 91) ein Konzert den perfekten Abschluss des Tages darstellen würde.

007ka-cl

2. Tag

Vormittags

Der zweite Tag gehört zunächst der Kasseler Nordstadt, in der auch einige Cafés, wie das **Café Nordpol** (s. S. 87) und das **Café Hurricane** (s. S. 86) mit ihren Frühstücksvariationen dafür sorgen, dass man nicht hungrig starten muss. Dass man hier viele junge Leute antrifft, liegt im Wesentlichen an der Universität, die am Holländischen Platz beheimatet ist. An diesem Standort befand sich noch vor ein paar Jahrzehnten ein großes Werk der Firma Henschel. Teilweise recht bedrückend, aber dennoch sehr empfehlenswert ist der **Weg der Erinnerung** ⑦, der die industrielle Vorgeschichte des heutigen Campus ins Gedächtnis rufen soll – eine Geschichte, die auch vom Missbrauch von Wissenschaft und Technik geprägt wurde. Schließlich waren zahlreiche Wissenschaftler an der ideologischen und praktischen Vorbereitung der NS-Verbrechen beteiligt.

Auf den ersten Blick mag der Kasseler Norden zwar nicht das hübscheste Fleckchen der Stadt sein, doch hier pulsiert die junge und alternative Szene, die sich mit kreativen Mitteln für eine (kulturelle) Veränderung Kassels einsetzt. Abstecher zu den bunt bemalten Unterführungen am Holländischen Platz oder zu den **Graffiti im Schillerviertel** (s. S. 80) verdeutlichen dies.

Nachmittags

Der **Bergpark Wilhelmshöhe**, der mit der Straßenbahnlinie 1 zu erreichen ist, bietet derart viele Sehenswürdigkeiten, dass man auch gut und gerne einen kompletten Tag dort zubringen könnte, ohne dass einem langweilig würde. Man kann beispielsweise ganz entspannt am **Lac** ㉖ entlangspazieren und die grüne Umgebung genießen oder am Rand des Bergparks einen Streifzug durch das **Villenviertel Mulang** ㉕ unternehmen. Kunstfreunde kommen dagegen im Schloss Wilhelmshöhe ㉗ mit der **Antikensammlung** ㉙ und der **Gemäldegalerie Alte Meister** ㉚ voll auf ihre Kosten.

Man kann sich beim Spazierengehen aber auch einfach treiben lassen – ohne die Angst haben zu müssen, man würde etwas verpassen. Denn ständig stößt man im Bergpark Wilhelmshöhe auf einen kleinen Wasserfall, eine Grotte oder einen Tempel, die allesamt sehenswert sind. Hat man den durchaus anstrengenden Aufstieg zum **Herkules** ㉟, dem Kasseler Wahrzeichen, geschafft, kann man sich anschließend mit einem kühlen Getränk oder einer leckeren Speise im Biergarten der **Kaskadenwirtschaft Grischäfer** (s. S. 88) von den Strapazen erholen und dort die idyllische Umgebung genießen.

Abends

Kassels Kiez, der **Vordere Westen** ㉔, ist wie dafür gemacht, um hier einen schönen Abend zu verbringen. An fast jeder Ecke befinden sich angesagte Restaurants und Bars, in denen man den Tag ausklingen lassen kann. Wer typisch nordhessische Spezialitäten probieren möchte, dem sei das Lokal **Zum Lichtenhainer** (s. S. 85) empfohlen. Ansonsten lassen sich problemlos auch weitere Anlaufpunkte für andere Geschmäcker finden. Asiatische Küche, spanische Tapas, italienische Pasta und Pizza: Im Vorderen Westen muss niemand hungrig bleiben.

Auch danach hat man die Qual der Wahl. Mit einem Bier in der Hand einem Livekonzert beizuwohnen, ist regelmäßig in den urigen Kneipen **Joe's Garage** (s. S. 90) oder **The Shamrock** (s. S. 90) möglich. Bei einem Cocktail in der stilvollen **Bar Seibert** (s. S. 89) kann man den aufregenden Tag aber genauso gut genüsslich abschließen.

008ka-cl

Stadtspaziergang

009ka-cl

Einen vorzüglichen Startpunkt für einen rund **drei- bis vierstündigen Spaziergang** durch Kassel bietet das **Rathaus ❶** mitsamt des Aschrottbrunnens. Von hier aus betritt man die Obere Königsstraße, die Hauptflaniermeile der Stadt, die mit ihren Geschäften und Cafés zum Bummeln und Verweilen einlädt. In direkter Nähe befindet sich auch die Tourist-Information in der Wilhelmsstraße (s. S. 116).

Nach wenigen Hundert Metern erblickt man auf der rechten Seite den beeindruckenden **Friedrichsplatz ❷**. Hier sind unter anderem die documenta-Außenkunstwerke „Die Fremden" und „Vertikaler Erdkilometer" (s. S. 22) sowie als Herzstück das **Fridericianum ❷**, der erste rein klassizistische Bau Deutschlands, zu finden.

In Höhe des Friedrichsplatzes schwenkt man links auf die **Treppenstraße ❸**, die mit dem stets gut besuchten **Stadtcafe** (s. S. 87), kleinen Geschäften auf beiden Seiten, dem Obelisk von Olo Oguibe und kleinen Grünflachen für ein besonderes Flair sorgt. Folgt man dieser Straße, erreicht man nach kurzer Zeit den Kulturbahnhof, in dem auch die **Caricatura ❺** beheimatet ist. Auf dem Vorplatz des Bahnhofs wird man vom imposanten Kunstwerk „Man walking to the Sky" („Himmelsstürmer", s. S. 21) empfangen, ehe es

◹ *Deutschlands erste Fußgängerzone: die knapp 300 Meter lange Treppenstraße*

◺ *Chinesisches Flair: die Pagode ㉕ am südlichen Rand des Bergparks*

Routenverlauf im Stadtplan

Der hier beschriebene Spaziergang ist mit einer farbigen Linie im Stadtplan eingezeichnet.

am geschichtsträchtigen Hotel Reiss (s. S. 127) vorbeigeht und man der Werner-Hilpert-Straße in nordöstlicher Richtung folgt. Nach wenigen Metern kreuzt auf der linken Seite die Erzbergerstraße. Folgt man ihr, stößt man nicht nur auf die **älteste Videothek der Welt** (s. S. 30), sondern erblickt auf der linken Seite auch an der Fassade des ehemaligen Hotels Lengen ein Graffito. Es gibt einen guten Eindruck davon, mit welch kreativen Maßnahmen das **Schillerviertel** aufgewertet werden soll.

Geht man nun den Grünen Weg nach rechts, erreicht man den Lutherplatz mit dazugehöriger Kirche und dem kleinen **Altstädter Friedhof** ➏, auf dem auch Mitglieder der Familie Grimm ihre letzte Ruhestätte gefunden haben. Schon von Weitem ist die **Martinskirche** ➑ anhand ihrer markanten Doppeltürme zu erkennen. Man erreicht sie, wenn man auf die Untere Königsstraße und dann auf den Martinsplatz abbiegt. Über die Mittelgasse und den Entenanger in Richtung Fulda wartet die nächste Attraktion: die **Markthalle** ➓, die zwischen Donnerstag und Samstag mit kulinarischen Spezialitäten lockt.

Auf dem Weg zum Fluss überquert man die Brüderstraße. Dort trifft man zunächst auf den historischen **Renthof** ⓫ und anschließend auf das **Rondell**, einen ehemaligen Geschützturm, auf dessen Plattform sich ein beliebter Biergarten (s. S. 89) befindet. Man folgt den Spuren des historischen Kassel, indem man in südlicher Richtung am Fulda-Ufer entlanggeht. Nachdem man das documenta-Kunstwerk „Spitzhacke" passiert hat, erreicht man einen weitläufigen Landschaftspark barocken Ursprungs: den **Staatspark Karlsaue**. Vom **Orangerieschloss** ⓮ aus kann man herrlich durch die Grünanlage flanieren und stößt nach etwas mehr als einem Kilometer auf den **Aueteich** mit der kleinen **Schwaneninsel**, die mit dem klassizistischen Tempel in der Mitte bereits aus einiger Entfernung zu erkennen ist. Wenn man sich an dieser Stelle noch nicht von der Karlsaue trennen möchte, empfiehlt sich ein Abstecher zur **Blumeninsel Siebenbergen** ⓰ oder zum Naherholungsgebiet Fuldaaue. Ansonsten führt der Weg wieder zurück in Richtung Orangerie: Vom **Marmorbad** ⓯ aus führen Treppenstufen zum „Rahmenbau", einem Kunstwerk, das das Künstlerkollektiv Haus-Rucker-Co für die documenta 6 erschaffen hat.

Wieder am Friedrichsplatz angekommen, blickt man nach rechts auf die **documenta-Halle** (s. S. 19),

010ka-df

das **Staatstheater**  und das **Otto-neum** ⓬. Nach links geht es nun am AOK-Gebäude vorbei auf der Straße Schöne Aussicht entlang, wo man – wie es der Name schon verrät – einen wunderbaren Blick auf die Karlsaue genießen kann. Nach wenigen Minuten trifft man hier auf die **Neue Galerie** ㉑. Links neben ihr steht ein kleiner freistehender Rundtempel – der sogenannte Frühstückspavillon. Treppenstufen führen über die Frankfurter Straße zum Weinberg, wo man direkt auf den schönen Fürstengarten zuläuft. Auf der linken Seite erhebt sich die beeindruckende Architektur der **Grimmwelt** ⓴.

Folgt man der Weinbergstraße nach rechts an der Landes- und Murhardschen Bibliothek (s. S. 56) vorbei, kommt man zum **Brüder-Grimm-Platz** ㉒ mit dem **Hessischen Landesmuseum** ㉓ und zu den beiden Torwachen an der Wilhelmshöher Allee, der man zunächst nach links folgt. Biegt man dann nach rechts auf die Ulmenstraße ab, erreicht man nach wenigen Gehminuten die langgezogene **Friedrich-Ebert-Straße**, die den Abschluss des Spaziergangs bildet. Es ist durchaus lohnenswert, sich die Zeit zu nehmen, diese Szenemeile entlangzulaufen. Im **Vorderen Westen** ㉔ gibt es nicht nur viele prachtvolle Bauwerke aus der Gründerzeit oder kleine Boutiquen zu entdecken, sondern auch diverse charmante Restaurants und Cafés, die nach der Route zum Einkehren einladen. Am

Schluss der kilometerlangen Flaniermeile wartet der Ende des 19. Jahrhunderts von Sigmund Aschrott angelegte **Aschrottpark** [c–dh], der mit seinen gepflegten Wegen zu einem Spaziergang im Grünen einlädt und mit seinen Bänken die Möglichkeit zu einer Rast bietet. Wer von dort nicht mehr in die Innenstadt zurücklaufen möchte, kann die öffentlichen Verkehrsmittel in Anspruch nehmen. Die Haltestelle Wintershall an der Friedrich-Ebert-Straße befindet sich nur knapp 200 Meter vom Aschrottpark entfernt (Tram-Linie 4). Alternativ ist auch der Bahnhof Wilhelmshöhe in nur wenigen Gehminuten in südwestlicher Richtung zu erreichen.

⊳ Im Vorderen Westen ㉔ trifft man auf viele charmante Altbauten

⊲ Der Staatspark Karlsaue (s. S. 41) ist eine grüne Oase mitten in der Stadt

Kassel, die documenta-Stadt

Was 1955 als Beiprogramm für die Bundesgartenschau ihren Ursprung nahm, hat sich im Laufe der Jahrzehnte zur weltweit bedeutendsten Ausstellung für zeitgenössische Kunst entwickelt. Die Rede ist natürlich von der documenta, die die nordhessische Stadt alle fünf Jahre zur Kulturmetropole werden lässt. Wegen ihrer charakteristischen Laufzeit wird die Ausstellung auch als „Museum der 100 Tage" bezeichnet.

Begründet wurde die documenta vom Kasseler Maler, Raumkünstler und Hochschullehrer **Arnold Bode**, der schon lange die Vision verfolgte, eine internationale Großausstellung moderner Kunst in Deutschland auszurichten. Dabei ging es ihm auch darum, die im NS-Regime verfemte Avantgarde in die Bundesrepublik Deutschland zurückzuholen.

Bode, der selbst im Dritten Reich mit einem Berufsverbot belegt worden war, gelang es zusammen mit seinem Mitstreiter **Werner Haftmann** trotz Widerständen, 670 Exponate im **Fridericianum** ❷ auszustellen und der kriegszerstörten Stadt dadurch zu neuem Leben zu verhelfen. Wie die Kunstausstellung zu ihrem Namen kam, ist nicht vollkommen geklärt. Arnold Bode, der noch die nächsten beiden documenta-Ausgaben in den Jahren 1959 und 1964 leiten sollte, reklamierte die Wortschöpfung jedenfalls für sich. Als er mit den Begriffen „Dokumente" und „Dokumentation" herumgespielt habe, sei ihm demnach das schlankere Wort „documenta" eingefallen. Seitdem hat die Schau zahlreiche Veränderungen durchlaufen und sich dabei auch als wichtigster Ort für den Start von Künstlerkarrieren etabliert.

Die documenta ist **Gradmesser für aktuelle Trends in der zeitgenössischen Kunst,** darüber hinaus beziehen die Künstler mit ihren Werken auch häufig Stellung zu aktuellen politischen und sozialen Themen, wodurch nicht selten schon größere Debatten und Diskussionen angeregt wurden. Nicht immer stoßen die Kunstwerke dabei direkt auf unmittelbare Gegenliebe. Seit ihrem Start regt die documenta zum Widerspruch an. Unvergessen bleiben beispielsweise die Proteste der Kasseler Bevölkerung im Jahr 1977, als für den „Vertikalen Erdkilometer" ein 25 Meter hoher Bohrturm auf dem Friedrichsplatz aufgebaut wurde. Auch in der lokalen Politik war die Ausstellung wegen ihrer hohen Kosten zunächst umstritten.

In vielerlei Hinsicht profitiert Kassel aber von der Ausstellung. So darf sich die nordhessische Metropole seit 1999 offiziell „**documenta-Stadt**" nennen, ein Profil von sehr großem Wert für die gesamte Region. Nicht nur aus Marketinggründen, sondern auch in wirtschaftlicher Hinsicht ist die Ausstellung kaum noch aus der Stadt wegzudenken. Hotels, Gastronomie und der Handel können sich dank der zahlreichen Besucher über wachsende Umsätze freuen. Auch die Einwohner Kassels, die der documenta in früheren Zeiten teilweise eher reserviert gegenübergestanden haben, identifizieren sich mittlerweile mit ihr. Ein paar Zahlen verdeutlichen, wie sich die Ausstellung in den vergangenen Jahrzehnten entwickelt hat: Lag die Besucherzahl zur Premiere noch bei rund 130.000, so wurde 2017 zur documenta 14, die nicht nur in Kassel, sondern auch in Athen stattfand, erstmals die magische

Grenze von einer Million Gästen geknackt. Im gleichen Zeitraum hat sich das Budget der Kunstausstellung von knapp 400.000 Mark auf mehr als **30 Millionen Euro** erhöht.

Für die kommende documenta-Auflage, die vom 18. Juni bis zum 22. September 2022 dauern wird, wurde das indonesische Künstlerkollektiv **Ruangruppa** als Kuratoren berufen. Die Mitglieder haben bereits angekündigt, dass sie explizit auch Menschen ansprechen wollen, die sich sonst im Alltag nicht für Kunst interessieren. Dazu gehöre, dass die Werke während der documenta 15 nicht mehr nur betrachtet, sondern vor allem auch erlebt und erfahren werden sollen. Mit der neuen Leitung sind große Hoffnungen verbunden: Die vergangene Schau im Jahr 2017 hatte nämlich nicht nur ein millionenschweres Defizit hinterlassen, sondern war auch als zu didaktisch und schwer verständlich kritisiert worden.

Als zentraler Ort der Kunstausstellungen dient seit ihrer ersten Auflage das Museum **Fridericianum ❷**. 1992 kam die zur neunten Ausgabe errich-

tete documenta-Halle als weiterer Ausstellungsort hinzu. Daneben wurden in der Vergangenheit aber auch immer mal wieder andere Museen und Räumlichkeiten als Ergänzung genutzt, unter anderem der **Weinbergbunker** (s. S. 41), das **Gloria-Kino** (s. S. 91), das **Kulturzentrum Schlachthof** (s. S. 90), die **Orangerie ⓮** oder das **Ballhaus ❸I**.

An vielen Stellen der Stadt trifft man auf hochkarätige documenta-Installationen, die aufgrund von Schenkungen oder Erwerbungen erhalten geblieben sind. Die 16 Kunstwerke im öffentlichen Raum markieren wichtige Stationen in der Geschichte der Ausstellung. Im Folgenden werden einige davon vorgestellt:

● **2** [03] **documenta-Halle,**
  Friedrichsplatz 18, Tel. 70720
❯ **7000 Eichen,** www.7000eichen.de.
  „Stadtverwaldung statt Stadtverwaltung", lautet das Motto dieses berühm-

▱ *Das Documenta-Kunstwerk „Die Fremden" thematisiert Flucht und Ausgrenzung*

012ka-cl

ten Projekts von Joseph Beuys, das zur documenta 7 (1982) der Öffentlichkeit vorgestellt und fünf Jahre später zur nächsten Auflage der Kunstausstellung fertiggestellt wurde. Das Geschrei in der Stadt war zu Beginn aber groß, als 7000 Basaltblöcke auf dem Friedrichsplatz abgeladen wurden. Beuys erklärte, dass jeder dieser Blöcke entfernt werden würde – sofern man sich dazu bereit erkläre, die Kosten für die Pflanzung eines Baums zu übernehmen. Sein Plan ging auf: Innerhalb weniger Jahre wurden im gesamten Stadtgebiet insgesamt 7000 neue Bäume gepflanzt. Daneben wurde jeweils ein Basaltstein aufgestellt.

014ka-cl

★3 [N1] **Alter Bahnhof Video Walk.** Die Geschichte des früheren Hauptbahnhofs am Rainer-Dierichs-Platz können Interessierte dank des Projekts der kanadischen Künstler Janet Cardiff und George Bures Miller für die documenta 13 (2012) hautnah erleben. Dazu muss man sich dort nur einen tragbaren Mediaplayer mitsamt Kopfhörer ausleihen. Auf dem Bildschirm ist ein Video, bestehend aus historischen Aufnahmen und zuvor gefilmten Szenen, zu sehen, das die Vergangenheit des Areals erlebbar macht. Das Besondere dabei: Den Spaziergängern wird jeweils der Ort angezeigt, an dem sie sich in diesem Moment auch befinden. Dabei soll eine Atmosphäre der Gleichzeitigkeit entstehen, bei der sich Vergangenheit und Gegenwart überlagern. Das Stadtmuseum bietet den Video Walk an jedem ersten Sonntag im Monat in Form von öffentlichen Führungen an (Preis: Erw. 8 €, erm. 6 €). Treffpunkt ist der „Offene Kanal" in der Bahnhofshalle, wo die Mediaplayer gegen Vorlage des Personalausweises ausgeliehen werden können. Da die Teilnehmerzahl begrenzt ist, ist eine vorherige Anmeldung über das Stadtmuseum ❹ nötig.

★4 [O2] **Die Fremden,** Friedrichsplatz. Auf dem Säulenportal des ehemaligen kurfürstlichen Residenzpalais am Friedrichsplatz (heute: Modehaus „das macht SINN") sind drei Figuren aus Keramik zu sehen, die der deutsche Künstler Thomas Schütte zur documenta 9 (1992) geschaffen hat. Die hier dargestellten Menschen tragen folkloristisch bunte Kleidung und führen ihre wenigen Habseligkeiten mit sich. Niedergeschlagen blicken sie auf den Platz vor ihnen, ohne am städtischen Leben teilnehmen zu

◁ *Joseph Beuys ließ in Kassel Tausende Eichen pflanzen*

können. Der Künstler thematisiert mit dem Werk Ausgrenzung und fehlende Integration – Themen, die in den vergangenen Jahrzehnten kaum an Aktualität eingebüßt haben.

★5 [O3] **Idee di Pietra.** Etwas unscheinbar am Rande der Karlsaue befindet sich diese neun Meter hohe Bronzefigur, die als erstes Kunstwerk der documenta 13 (2012) aufgestellt wurde. Entworfen hat den kahlen Baum, der in seiner Krone einen drei Tonnen schweren Granitfindling trägt, der italienische Künstler Giuseppe Penone. In der Bevölkerung ist das Werk, das als Objekt auf der Grenze zwischen Natur und Kunst fasziniert, daher auch vor allem unter dem Namen „Penone-Baum" bekannt.

❭ **Laserscape.** Seit mehr als 40 Jahren erhellt dieser Beitrag des Düsseldorfer Künstlers Horst H. Baumann zur documenta 6 (1977) an jedem Samstag den Kasseler Nachthimmel. Vom Einbruch der Dunkelheit bis circa ein Uhr nachts verbindet das erste permanente Laser-Lichtkunstwerk der Welt verschiedene historische Gebäude der Stadt miteinander. Im Jahr 2007 musste die Anlage erneuert werden. Um die dafür benötigten finanziellen Mittel zu generieren, wurde eine besondere Spendenaktion ins Leben gerufen: Jeder Meter der 7,5 Kilometer langen Laserstrecke konnte von den Bürgern der Stadt „gekauft" werden.

★6 [N1] **Man Walking to the Sky,** Rainer-Dierichs-Platz 1. Viel Anklang bei den Kasseler Bürgern als Symbol des Aufstiegs findet dieses Kunstwerk, das Jonathan Borofsky für die documenta 9 im Jahr 1992 geschaffen hat. Damals noch in der Mitte des Friedrichsplatzes beheimatet, steht das 25 Meter lange Stahlrohr mit einem himmelwärts aufsteigenden Mann aus Fiberglas mittlerweile vor dem Kulturbahnhof. Das weibliche Pendant zur Kasseler Skulptur, „Woman walking to the sky", ist in Straßburg ausgestellt.

013ka-cl

★7 [O3] **Rahmenbau.** Vom Künstlerkollektiv Haus-Rucker-Co zur documenta 6 (1977) errichtet, betont die begehbare Installation an der Ostseite des Friedrichsplatzes den besonderen Ausblick auf die Karlsaue. Sie besteht aus einem großen, senkrecht aufgestellten Stahlgitterrahmen und einem viel kleineren Rahmen aus Messing. Durch die Konstruktion soll ein Teil der Wirklichkeit als optische Feineinstellung ausgeschnitten und zu einem Landschaftsbild transformiert werden.

★8 [P3] **Spitzhacke,** Auedamm 20B. Erbaut vom schwedisch-amerikanischen Künstler Claes Oldenburg für die documenta 7 im Jahr 1982. Die zwölf Meter hohe und fünf Tonnen schwere Stahlkonstruktion am Fulda-Ufer soll an Kassels Wiederaufbau nach dem Zweiten Weltkrieg erinnern. Gleichzeitig kreiert Olden-

⌃ *Beeindruckend: „Man Walking to the Sky" vor dem Kulturbahnhof*

0.15ka-cl

Rundgänge zu den documenta-Kunstwerken

Die verschiedenen Kunstwerke sind nicht nur gut zu Fuß zu erreichen, sondern werden auch in Form von drei unterschiedlich langen **Audio-Rundgängen** erlebbar gemacht. Auf der Website www.documenta-historie.de oder über die App izi.Travel (kostenlos für iOS und Android) kann man mit dem Smartphone oder dem Tablet die Routen auswählen. Die kürzeste davon ist rund einen halben Kilometer, die längste 5,8 Kilometer lang. Der digitale Guide führt in deutscher oder englischer Sprache zu den einzelnen Kunstwerken und liefert dabei Informationen zur jeweiligen Installation. So kann man den Parcours von Anfang bis Ende folgen oder die Tour an einem beliebigen Werk beginnen. Ein kostenloser Flyer zu diesem Angebot ist unter anderem in den Tourist-Informationen (s. S. 116) oder im Museum Fridericianum ❷ erhältlich.

burg mit diesem überdimensionierten Werkzeug den Mythos, der Herkules im Bergpark habe die Spitzhacke dorthin geschleudert.

★9 [O3] **Three to one,** Friedrichsplatz 14, geöffnet Mo.–Mi. u. Fr. 8.30–16, Do. 8.30–18, Sa.9–13 Uhr. Kaum ein anderes Bauwerk in Kassel verkörpert die Architektur der 1950er-Jahre derart stark wie das denkmalgeschützte Verwaltungsgebäude der AOK am Friedrichsplatz. Dabei beeindruckt der von Konrad Proll geplante Bau vor allem mit seiner freitragenden, geschwungenen Treppe im Inneren. Zur documenta 9 (1992) hat der Künstler Max Neuhaus im markanten Treppenhaus eine elektronisch erzeugte Klanginstallation eingebaut. Nach der Ausstellung stimmte die AOK zu, das Kunstwerk „Three to one" dauerhaft zu beherbergen. Jede der drei Etagen hat ihren eigenen Ton, wobei die Unterschiede recht fein sind. Die Klänge mischen sich auf verschiedene Art mit den Außengeräuschen.

★10 [O2] **Vertikaler Erdkilometer,** Friedrichsplatz. Eines der umstrittensten Kunstwerke der documenta 6 (1977) war der „Vertikale Erdkilometer" von Walter De Maria. Der Künstler hatte ein ein Kilometer tiefes Loch in die Erde gebohrt und dieses mit verschraubten Messingstäben mit einem Durchmesser von fünf Zentimetern ausgefüllt. Man sieht zwar nur eine kleine Metallplatte mitten auf dem Friedrichsplatz, doch sie soll dazu einladen, über den Ort des Menschen im Universum nachzudenken.

◹ *Die Spitzhacke – von Herkules ans Fulda-Ufer geschleudert?*

▷ *Zwei vergoldete Löwen bewachen den Aufgang zum Rathaus*

Das Stadtzentrum und der Norden

In der Kasseler Innenstadt, nur wenige Gehminuten voneinander entfernt, befinden sich viele Sehenswürdigkeiten ganz unterschiedlicher Couleur und auch die facettenreiche Nordstadt mit der Universität ist von dort aus sehr schnell zu erreichen.

❶ Rathaus und Aschrottbrunnen ★ [N3]

Von zwei vergoldeten Löwen auf der Freitreppe bewacht, präsentiert sich das herrschaftliche Rathaus am Beginn der Oberen Königsstraße. Direkt davor befindet sich ein mahnendes Kunstwerk, das an dunkle Zeiten erinnern soll.

Von 1905 bis 1909 nach Plänen des Architekten Karl Roth für rund drei Millionen Reichsmark im Stil des **niederländischen Barock** erbaut, wurde das H-förmige Gebäude während des Zweiten Weltkriegs stark in Mitleidenschaft gezogen. Im Unterschied zu anderen Gebäuden in der Stadt ließ man das Rathaus aber nach dem Krieg wieder im alten Stil aufbauen, dabei wählte man jedoch eine flachere Dachneigung und verzichtete zudem auf den Uhrenturm als Dachreiter über dem Hauptportal. Später wurde das Rathaus mit modernen Anbauten erweitert.

Eine traurige Geschichte ist dagegen mit der **Brunnenanlage** verbunden, die direkt vor dem Gebäude als Ort der Erinnerung und Mahnung fungiert. 1908 stiftete der Unternehmer **Sigmund Aschrott** der Stadt Kassel anlässlich des Rathausneubaus einen Brunnen mit einer zwölf Meter hohen Sandsteinpyramide in der Mitte. Mehr als dreißig Jahre prägte das Bauwerk das Kasseler Stadt-

bild, ehe es am 9. April 1939 von den Nazis zerstört wurde – weil Aschrott Jude war. Das übriggebliebene Brunnenbecken wurde anschließend jahrelang als Blumenbeet genutzt und 1963 zum Springbrunnen umfunktioniert. Dann entfachte die zunehmende Auseinandersetzung mit der Zeit des Nationalsozialismus eine Diskussion um einen möglichen Wiederaufbau des eigentlichen Brunnens. Während viele Bürger für eine Nachbildung des Originals waren, sahen andere darin eine Verhöhnung der Vergangenheit. Der Aschrottbrunnen, wie er heute vor dem Rathaus zu sehen ist, wurde schließlich 1987 vom Kasseler Künstler **Horst Hoheisel** geschaffen. Er baute dabei die ursprüngliche Pyramidenskulptur nach und versenkte sie während der documenta 8 als **Negativform** spiegelbildlich im Boden. Aus der Pyramide wur-

016ka-cl

de ein Trichter, in den das Wasser geräuschvoll in die Leere hineinstürzt. Es soll an erlittenes Unrecht erinnern – oder wie Horst Hoheisel es bezeichnete: „An dem Ort, wo einmal etwas war, kann ich den Verlust nur noch durch die Leere spürbar machen. Das eigentliche Denkmal ist der Passant, der auf dem Brunnen steht und darüber nachdenkt, weshalb hier etwas verlorenging." In der Holocaust-Gedenkstätte Yad Vashem in Jerusalem befindet sich seit 1998 eine Nachbildung des Brunnens.

❭ Obere Königsstraße 8

❷ Friedrichsplatz und Friedericianum ★★★ [02]

Folgt man der Oberen Königsstraße in Richtung Innenstadt, stößt man nach wenigen Metern auf einen der größten innerstädtischen Plätze der Bundesrepublik: den **Friedrichsplatz.** Auf dem 340 mal 112 Meter großen Areal, das als zentraler Ort der documenta fungiert, sind diverse Außenkunstwerke der Kunstausstellung wie der „Vertikale Erdkilometer" oder „Die Fremden" beheimatet (s. S. 18).

Dominiert wird der Platz aber von dem **Friedericianum.** Rund zehn Jahre dauerte die Errichtung der symmetrischen Dreiflügelanlage, die nicht nur als der erste **rein klassizistische Bau Deutschlands,** sondern auch als eines der ersten Museen auf dem europäischen Kontinent gilt. Die knapp 80 Meter lange Vorderfront besteht dabei aus zwei Geschossen und neunzehn Achsen, die beiden rund 40 Meter langen Seitenfronten aus zehn Achsen.

Zwischen 1769 und 1779 im Auftrag von **Landgraf Friedrich II.** nach Plänen des Hofarchitekten **Simon Louis du Ry** erbaut, um dort im Zuge der Aufklärung die landgräflichen Kunstsammlungen auszustellen, kann das Gebäude mit Fug und Recht als architektonisches Meisterwerk bezeichnet werden. Besondere Hingucker sind der durch sechs ionische Säulen getragene **Portikus** und die sechs Figuren auf der Balustrade, die verschiedene Wissenschaften darstellen sollen. Auf dem Platz vor dem Gebäude steht ein **Marmorstandbild** des Landgrafen, das ihn in Feldherrenpose zeigt.

017ka-df

Direkt an den klassizistischen Großbau grenzt der noch viel ältere **Zwehrenturm** an, der als Teil der Stadtbefestigung 1330 erbaut, anschließend lange Zeit als Gefängnis genutzt und zu Beginn des 18. Jahrhunderts zu einer **Sternwarte** mit drehbarer Kuppel umgebaut wurde.

Das Fridericianum durchlief ebenfalls eine recht wechselhafte Geschichte. Gemälde, Waffen, Statuen, naturhistorische Schätze: In dem neugebauten Museum wurden zunächst die Kostbarkeiten und Raritäten des Landgrafen ausgestellt. Darüber hinaus fand auch die 1580 als fürstliche Bibliothek gegründete **Hessische Landesbibliothek** in dem Gebäude ein Zuhause. Dort waren anschließend auch die **Brüder Grimm** einige Jahre lang als Bibliothekare beschäftigt.

Unter französischer Fremdherrschaft wurde das Fridericianum von Jérôme Bonaparte im Jahr 1810 zu einem Ständehaus umgebaut und als solches bis 1813 genutzt – aufgrund dieser Tatsache kann das Fridericianum sogar als erstes deutsches Parlamentsgebäude bezeichnet werden. Im Verlauf des Zweiten Weltkrieges wurde das Gebäude bei einem Bombenangriff schwer beschädigt, sodass es fast vollständig ausbrannte. Dabei wurden 350.000 im Haus befindliche Bücher zerstört.

Nach dem Krieg fand der klassizistische Bau eine andere Bestimmung: Seit Arnold Bode 1955 – damals eher als kulturelle Ergänzung zur Bundesgartenschau gedacht – in den Räumlichkeiten des Fridericianums die erste documenta organisierte, ist das Bauwerk der Mittelpunkt der Kunstausstellung. Nachdem es in den Jahren, in denen keine documenta war, lange Zeit ungenutzt blieb, ist es mittlerweile ein **international beachteter Ort der Gegenwartskunst:** Seit 1988 werden regelmäßig Ausstellungen, Konferenzen, Retrospektiven und Symposien veranstaltet, die das Spektrum aktueller Kunst und Diskurse beleuchten. Das Ausstellungshaus genießt dabei einen hervorragenden Ruf, der weit über die Grenzen der Bundesrepublik hinausreicht, da es zentrale Positionen der zeitgenössischen Kunst nach Deutschland bringt. Seit 2018 wird das Fridericianum vom Kunsthistoriker und Kurator Moritz Wesseler geleitet. Der neue Direktor verfolgt nach eigenen Angaben das Ziel, zentralen Akteuren der Gegenwartskunst eine Plattform zu bieten, die hierzulande noch relativ unbekannt sind.

❯ Friedrichsplatz 18, Tel. 7072720, www.fridericianum.org, Eintritt: Erw. 6 €, erm. 4 €, Kinder bis 11 Jahre frei, geöffnet: Di.–So. 11–18 Uhr

❸ Treppenstraße ★ [02]

Die historische Bedeutung der Treppenstraße ist nicht nur für Kassel, sondern auch für die gesamte Bundesrepublik immens. Mit der 300 Meter langen Straße, auf der man über 104 Stufen einen Höhenunterschied von 15 Metern überbrückt, habe sich die Stadt „ein bleibendes Denkmal gesetzt", sagte der damalige Oberbürgermeister Willi Seidel anlässlich der Eröffnung im Jahr 1953.

Biegt man auf der Oberen Königsstraße in Höhe des Friedrichsplatzes nach links ab, erreicht man ein Glanzstück des Kasseler Wiederaufbaus nach dem Zweiten Weltkrieg. Nach

◁ *Ort der Kunst: Alle fünf Jahre wird das Fridericianum zum Mittelpunkt der documenta*

Beteiligung am Amerikanischen Unabhängigkeitskrieg

Zwischen 1776 und 1783 kämpften Tausende Soldaten der Landgrafschaft Hessen-Kassel im Amerikanischen Bürgerkrieg an der Seite Großbritanniens. Noch bis heute gehört die Entsendung der Truppen zu den umstrittensten Ereignissen in der hessischen Geschichte. Im 17. und 18. Jahrhundert verfügte Hessen-Kassel über eines der größten Heere Europas. Um diese schlagkräftige Armee weiterhin finanzieren und die eigene Infrastruktur verbessern zu können, wurden hessische Soldaten als Söldner an andere Länder vermietet. Im Januar 1776 schloss Landgraf Friedrich II. mit König Georg III. von Großbritannien einen Subsidienvertrag ab, in dem er sich verpflichtete, den Briten im Kampf gegen die Aufständischen in Amerika ein Kontingent von 12.000 Soldaten zu überlassen.

Diese Praxis des Soldatenhandels stieß damals aber teilweise auf harsche Kritik – auch wenn das Vorgehen wahrlich nicht neu war. Lange Zeit wurde es als Inbegriff von Zwangsrekrutierung und Tyrannenwillkür verstanden, dabei aber gleichzeitig vergessen, dass die große Mehrheit der Soldaten freiwillig nach Amerika ging. Sie erhielten eine gute Bezahlung, mit der sie ihre Familien unterstützen konnten. Zudem hofften nicht wenige von ihnen darauf, sich nach dem Krieg eine Zukunft in Amerika aufzubauen.

Die disziplinierten und gut ausgebildeten Soldaten konnten zahlreiche militärische Erfolge erzielen. In der Regel hielten sich die Kämpfe aber in Grenzen. Die größten Feinde der Soldaten stellten oftmals nicht die gegnerischen Truppen, sondern die schwierigen klimatischen Verhältnisse und Krankheiten wie Typhus und Ruhr dar.

Insgesamt dürften im Verlauf des Krieges rund 16.000 Soldaten aus Hessen-Kassel für die Briten gekämpft haben. Damit stellte die Landgrafschaft das weitaus größte Kontingent deutscher Soldaten für die britische Krone – insgesamt beläuft sich die Zahl der deutschen Söldner, die im Kampf gegen die amerikanischen Kolonisten eingesetzt wurden, auf rund 30.000. Nur etwas mehr als die Hälfte von ihnen kehrte nach den Kriegshandlungen wieder zurück. Das hatte aber nicht nur mit Todesfällen zu tun: Tausende blieben freiwillig in Amerika, um sich als Handwerker oder Landwirt in die dortige Bevölkerung zu integrieren.

---

den Plänen von Werner Hasper angelegt, bildet die Treppenstraße mit der Kurfürstenstraße als Verlängerung eine Achse, die den Friedrichsplatz mit dem Hauptbahnhof verbindet. Sie ist nicht nur **Deutschlands erste Fußgängerzone,** sondern wurde nach dem Zweiten Weltkrieg auch zum Symbol des Aufbruchs und des optimistischen Neuanfangs in der zerstörten Stadt.

Die Straße etablierte sich schnell als Vorzeigeadresse, an der sich vornehme Geschäfte und angesagte Kneipen ansiedelten. Die hochmoderne Gestaltung der autofreien Flaniermeile mit ihren prachtvollen Grünflächen in der Mitte, den Brunnen und den seinerzeit beispielgebenden Kinderwagen-Rampen blieb auch Regisseuren nicht verborgen. So diente sie

018ka-cl

in den 1950er- und 1960er-Jahren als **Filmkulisse** für Kassenschlager wie „Rosen für den Staatsanwalt" mit Martin Held, Walter Giller und Ingrid van Bergen, „Der letzte Fußgänger" mit Heinz Erhardt und „Ohne Dich wird es Nacht" mit Curd Jürgens.

Die Treppenstraße hat in den vergangenen Jahrzehnten jedoch ein wenig von ihrem alten Glanz verloren. Nicht zuletzt infolge der Eröffnung des Fernbahnhofs Kassel-Wilhelmshöhe hat sie **ihre Achsen-Funktion etwas eingebüßt.** Leerstände, häufige Inhaberwechsel und die wachsende Bedeutung der Königsstraße als zentrale Einkaufsmeile Kassels haben der Treppenstraße einen Schlag versetzt. Dennoch bewegt sich einiges. In der Stadt werden mehrere Ansätze diskutiert, wie das ruhmreiche Areal wieder verschönert werden kann. Unter anderem wurde der umstrittene **documenta-Obelisk** des nigerianisch-amerikanischen Künstlers Olu Oguibe, der mit ihm 2017 ein Denkmal für Flüchtlinge errichtet hatte, im April 2019 auf der Treppenstraße zwischen den Straßen Neue Fahrt und Wolfsschlucht wieder aufgebaut.

Aufgrund ihrer beschaulichen Atmosphäre und wegen ihrer kleinen Geschäfte ist die Treppenstraße ein nach wie vor sehr beliebter Ort zum Flanieren und Bummeln.

❹ Stadtmuseum ★★ [N2]

Als modernes Museum präsentiert sich das Stadtmuseum, das einen anschaulichen Überblick über 1100 Jahre Kasseler Geschichte bietet.

Nach mehr als sechs Jahren Umbauzeit konnte das Stadtmuseum 2016 wiedereröffnet werden. Seitdem präsentiert es sich als modernes Ausstellungshaus, das die Besucher auf drei Etagen über die Geschichte Kassels von der ersten urkundlichen Erwähnung bis zur Gegenwart informiert. Die Dauerausstellung unterteilt sich dabei in prägende Zeitabschnitte für die Stadt. Im Erdgeschoss stößt der Besucher zunächst auf das **Kassel-Foyer.** Eine sehr charmante Idee, die auf den weiteren Gang durch die Räumlichkeiten einstimmt, denn hier kommen die Exponate selbst zu Wort: Objekte der Kasseler Stadtgeschichte werden in einer medialen Inszenierung zum Sprechen gebracht und schwelgen dabei in Erinnerungen.

Der weitere Ausstellungsteil in dieser Etage widmet sich der Zeit von 913 bis 1800 und legt einen besonderen **Fokus auf Kassel als Residenz-**

⌃ *Detaillierte Modelle im Stadtmuseum veranschaulichen, wie Kassel früher ausgesehen hat*

Eine außergewöhnliche Uhr

Am Ständeplatz steht eine graue, mit Glühbirnen besetzte Säule. Dass es sich dabei um eine funktionierende Uhr handelt, ist selbst vielen Einwohnern Kassels nicht bewusst. Der Künstler Peter Hertha hat diese Skulptur geschaffen und sie 1977 der Stadt geschenkt. Im Jahr 2018 wurde die **Linear-Uhr** runderneuert und die Birnen auf moderne LED-Technik umgerüstet. Die Skulptur ist in drei Segmente geteilt, wobei der oberste Teil die Stunden, der mittlere die Minuten und die unterste die Sekunden anzeigt. Jeder Abschnitt setzt sich darüber hinaus aus jeweils zwei Reihen von Lichtern zusammen, die getrennt voneinander betrachtet werden müssen.

Um die richtige Uhrzeit zu bestimmen, muss man die leuchtenden Lampen nach dem Schema einer Digitaluhr ablesen. Beispiel: Es ist 10.32 Uhr und 45 Sekunden. In diesem Fall brennt in der ersten Reihe des obersten Abschnittes eine und in der zweiten Reihe keine Lampe auf. Im mittleren Segment leuchten oben drei und unten zwei Lampen. Und im untersten Abschnitt leuchten in der ersten Reihe vier und in der unteren fünf Lampen erleuchtet. Somit ergibt sich die Zahlenfolge 1, 0, 3, 2, 4, 5.

stadt der hessischen Landgrafen. Neben Modellen von Fachwerkhäusern und anderen historischen Bauten werden in diesem Bereich auch wichtige Verordnungen aus der Stadtgeschichte und Bilder der Altstadt präsentiert. Ein Höhepunkt ist zweifellos der **älteste Stadtplan Kassels** aus dem Jahr 1547, der an einem Medientisch audiovisuell erlebbar gemacht wird. Generell besticht das Museum durch die liebevolle Darstellung der Exponate und durch die Detailliertheit, mit der

auch Themen behandelt werden, die eher dem Alltag der damaligen Menschen zuzuordnen sind.

Das erste Obergeschoss zeichnet den Kampf der Kasseler Bürger um Bürgerrechte und politisches Mitspracherecht im 19. Jahrhundert nach. In einer gigantischen **Wandzeitung** werden die wichtigsten Ereignisse dargestellt, anhand von Originalbildern und mithilfe von extra für die Präsentation verfassten, fiktiven Zeitungsartikeln. Als Ort der Begegnung überzeugt das Stadtmuseum auch mit seinen diversen **Mitmach-Angeboten**. Um die Geschichte erfahrbar zu machen, können die Besucher zum Beispiel in einem Spiel alte und aktuelle Ansichten der Stadt zusammenfügen.

Als eindrücklich erweist sich auch der Teil der Dauerausstellung, der sich der Geschichte der Stadt vom Ersten Weltkrieg bis heute widmet. Im Zentrum steht ein **Modell der Ruinenlandschaft**, die durch die Zerstörungen des Zweiten Weltkriegs entstanden ist. Das Modell und die zahlreichen Bombensymbole an den Wänden, die die insgesamt 400.000 Bomben symbolisieren sollen, die am 22. Oktober 1943 auf Kassel abgeworfen wurden, mahnen zum Gedenken an die schrecklichen Folgen des Kriegs. Die Ausstellung spannt schließlich den Bogen über den Wiederaufbau der Stadt und das Wirtschaftswunder bis zum Mauerfall und der deutschen Wiedervereinigung. Ein wahrer Hingucker erwartet die Besucher ganz am Ende – **eine blaue BMW Isetta**, die der Kasseler Fußballlegende Karl-Heinz „Gala" Metzner gehört hat.

> Ständeplatz 16, Tel. 7871400, www.stadtmuseum-kassel.info, Eintritt: Erw. 4 €, erm. 3 €, Kinder unter 18 Jahren frei, geöffnet: Di. u. Do.–So. 10–17 Uhr, Mi. 10–20 Uhr

⑤ Caricatura ★★★ [N1]

Eine Galerie ist für gewöhnlich kein Ort zum Lachen. In der Caricatura, der Galerie für Komische Kunst, gilt dies aber ausdrücklich nicht. Seit 1995 ist sie im Kulturbahnhof beheimatet und hat sich seitdem zu einem wichtigen Komik- und Satirezentrum in Deutschland gemausert.

In der eher kleinen Galerie im Bahnhof, dessen Vorplatz von der Skulptur „Man walking to the Sky" dominiert wird, werden im Jahresverlauf gleich mehrere Ausstellungen zu den Themen Cartoon, Karikatur und Komische Malerei gezeigt. Anhänger von **schwarzem Humor und bissiger Ironie** sind hier auf jeden Fall richtig.

Hervorgegangen ist die Caricatura in den 1980er-Jahren aus einem Zusammenschluss junger Kunststudenten aus Kassel, die sich „**Visuelle Opposition**" nannten und es sich zum Ziel gesetzt hatten, die Plakatkunst mit satirischen Mitteln zu revolutionieren. Sie nahmen Kontakt zu bekannten Cartoonisten und Karikaturisten auf, die sie unter anderem aus der Zeitschrift „Titanic" kannten, und organisierten parallel zur documenta 1987 eine **Übersichtsschau Komischer Kunst**, die seitdem ebenfalls alle fünf Jahre veranstaltet wird und die bedeutendste ihrer Art im deutschsprachigen Raum ist.

Die Initiatoren strebten an, durch die Eindeutigkeit der Werke beim Betrachter gewisse Haltungen und Gedankengänge zu erzeugen – etwas, was sie bei vielen documenta-Kunstwerken vermissen würden.

Die Galerie im Kulturbahnhof ist im Gegensatz zur Sammelschau nicht nur alle fünf Jahre, sondern außer montags die komplette Woche zu besichtigen. Nicht nur bei den wechselnden Ausstellungen, sondern auch bei den Lesungen und satirischen Bühnenprogrammen bleibt kein Auge trocken.

⌄ *Lachen ausdrücklich erlaubt: Bei einem Besuch in der Caricatura bleibt kein Auge trocken*

Nicht immer politisch korrekt, dafür meistens urkomisch sind auch die Werke, die zwischen November und Februar in der Halle präsentiert werden. Der gezeichnete **Jahresrückblick „Beste Bilder – Die Cartoons des Jahres"** wirft ein satirisches Schlaglicht auf die Höhe- und Tiefpunkte der vergangenen Monate. Nach Themen sortiert, sind auf schwarzen Aufstellwänden die besten Werke der Cartoonisten zu sehen, die sich um den Deutschen Cartoonpreis beworben haben. Darunter sind demnach auch Zeichnungen bekannter Künstler vertreten, wie die des Duos Greser & Lenz, von Freimut Wössner oder Klaus Stuttmann. Flüchtlingskrise, Donald Trump, Rassismus, Religion, die täglichen Kommunikationsprobleme zwischen Mann und Frau – die Themen, die in dem Jahresrückblick behandelt werden, sind vielfältig und haben oftmals einen nicht so

ganz witzigen Hintergrund. Doch immer gelingt es den Künstlern, ihnen einen komischen Dreh zu verpassen – und die **Betrachter zum Nachdenken zu bewegen.**

Für diejenigen, die auch nach ihrem Besuch nicht genug bekommen können von Karikaturen und Komischer Malerei, gibt es im Eingangsbereich einen gut ausgestatteten Verkaufsraum mit zahlreichen Büchern, Postern und witzigen Utensilien.

❯ Rainer-Dierichs-Platz 1, Tel. 776499, www.caricatura.de, Eintritt: Erw. 5 €, Erm. 4 €, Kinder u. Jugendliche unter 12 Jahren frei, geöffnet: Di.–Sa. 12–19 Uhr, So. 10–19 Uhr

❻ Altstädter Friedhof ★ [01]

Der Turm der Lutherkirche steht auf dem ältesten protestantischen Friedhof Kassels – dem Altstädter Friedhof. Mit den rund 70 Grabmälern, die hier noch aufzufinden sind, ist nur noch ein kleiner Teil der Anlage vorhanden, auf der zwischen 1561 und 1843 die Kasseler Bürger bestattet wurden – darunter zahlreiche berühmte Persönlichkeiten der Stadtgeschichte.

Der Altstädter Friedhof befand sich früher sogar etwas außerhalb der Stadtmauern, erst im Verlaufe des 19. Jahrhunderts entstand hier das Bahnhofsviertel. Während des Siebenjährigen Krieges wurden zahlreiche Grabmäler auf dem Friedhof zerstört, sodass die ältesten erhaltenen Gedenksteine aus der Mitte des 18. Jahrhunderts stammen. Als sich der Friedhof angesichts der stetig wachsenden Bevölkerungszahlen als zu klein erwies, **wurde er 1843 geschlossen** und durch den Hauptfriedhof an der Holländischen Straße ersetzt.

Die älteste Videothek der Welt

Nicht etwa in Paris, New York oder London, sondern in Kassel steht die vermeintlich älteste Videothek der Welt. Von Eckehard Baum 1975 an der Erzbergerstraße gegründet, konnte sich der Film-Shop in den kommenden Jahrzehnten einen legendären Ruf erwerben. Aufgrund der zunehmenden Konkurrenz durch das Internet und diverse Streaming-Dienste stand das Traditionsgeschäft 2017 vor dem Aus. Dank der Initiative des Vereins „Randfilm" konnte der Standort aber gerettet werden. Um zukunftsfähig zu sein, werden in den Räumlichkeiten nicht mehr nur Filme verliehen. Stattdessen ist der „Film-Shop" mittlerweile eine Mischung aus Filmverleih, Museum und Veranstaltungsort.

● **11** [eh] **Film-Shop**, Erzbergerstraße 12, geöffnet: Mi.–Sa. 15–21 Uhr

Wenn man heute durch diese kleine, verwunschen anmutende Parkanlage spaziert, wird man auf diverse Schmuckstücke stoßen. Allein sechs Ehrengräber der Stadt Kassel befinden sich dort, darunter unter anderem das der **Dorothea Grimm**, der Mutter von Jacob und Wilhelm Grimm, die das Grabmal auch selbst in Auftrag gegeben und regelmäßig besucht haben. Sie ist aber nicht die einzige Person aus der berühmten Märchenfamilie, die hier begraben liegt. Die Grabmäler von Marie-Elisabeth, Schwägerin der Brüder Grimm, und Charlotte, der einzigen Schwester der Sprachwissenschaftler, sind mit **Engeln aus Bronze** verziert, die vom Bildhauer Werner Henschel aus der bekannten Kasseler Industriellen-Familie angefertigt wurden. Dieser hat auch vier Engel in Bronzeguss für das imposante **Reichenbach-Grab** am Eingang der Spohrstraße geschaffen, das als das schönste Denkmal auf dem Areal gilt. Begraben liegt hier Graf Wilhelm von Reichenbach, ein unehelicher Sohn des Kurfürsten Wilhelm II., der im Alter von sechs Jahren starb.

Weitere prominente Namen, die hier ihre letzte Ruhe fanden, sind der begnadete Mathematiker **Jost Bürgi**, **Carl Schomburg**, der erste Oberbürgermeister Kassels, und der Architekt **Heinrich Christoph Jussow**, der unter anderem die Löwenburg ❸❸ im Bergpark konzipiert hat. Jussow war es auch, der am Rande des ehemaligen Friedhofs, etwas versteckt zwischen Lutherkirche und Kurfürsten-Galerie (s. S. 93), ein Mausoleum für die **Kurfürstin Wilhelmine Karoline von Hessen**, Gattin von Kurfürst Wilhelm I., entworfen hat. Rechts daneben befinden sich die kurfürstlichen Gräber von Auguste Friederike Christine von Hessen, ihrer Tochter Karoline Friederike Wilhelmine und ihres Sohns, Kurfürst Wilhelms I. Auch das bereits erwähnte Grabmal von Jussow ist in diesem Areal zu finden, das durch einen eisernen Zaun von den anderen Gräbern abgetrennt ist.

❯ Lutherplatz, öffentlich zugänglich

❼ Weg der Erinnerung ★★ [fh]

Am Campus am Holländischen Platz im Norden der Stadt studieren heutzutage Tausende Studenten. Da wo heute gelernt wird, befand sich ab der Mitte des 19. Jahrhunderts der Stammsitz der Firma **Henschel**, die als einer der bedeutendsten Hersteller von Lokomotiven weltweiten Ruhm erlangte. Mit dem „Weg der Erinnerung" soll auf die industrielle Vorgeschichte des heutigen Campus hingewiesen und dabei auch die teils schwierige Vergangenheit der Firma beleuchtet werden.

Entstanden ist die Idee im Jahr 2010 – dem 200-jährigen Jubiläum des Unternehmens – aus einer studentischen Initiative heraus, die sich dafür einsetzte, die Geschichte des Geländes historisch aufzuarbeiten. Entstanden ist ein **Parcours mit neun Stationen**, der zu ehemaligen Henschel-Gebäuden führt und seinen Startpunkt am K10 hat. Als Verwaltungssitz errichtet, diente das Gebäude mit seinem Schutzraum den Beschäftigten während des Zweiten Weltkriegs als Zuflucht.

Dass die Gebäude mit einem „K" benannt werden, erklärt sich daher, dass die Initiale früher einmal auf den Henschel-Standort Kassel verwies. Die Universität hat diese ursprünglichen Bezeichnungen im Zuge des Wegs der Erinnerung wiederbelebt. Mit verschiedenen Infotafeln an den

020ka-cl

einzelnen Standorten wird den Menschen die Geschichte der Firma nähergebracht. Eines der markantesten Gebäude auf dem Weg ist dabei die alte **Gießerei**, ein Rundbau mit kuppelförmigem Dach, das 1836/1837 errichtet wurde. Heutzutage von der Universität als Veranstaltungsraum genutzt, beherbergte das Gebäude ab 1935 auch zeitweise das Werksmuseum der Firma. Die Vergangenheit des Unternehmens wurde darin in eine nationalsozialistische Erzählweise gekleidet, eingebettet von Hakenkreuzfahnen, die vor dem Gebäude angebracht wurden. Daher möchte die Universität vor allem anhand des Gießhauses zeigen, wie „bereitwillig Menschen sich von der glänzenden Fassade des Dritten Reiches blenden ließen und wie eng die Verführung und Propaganda mit Gewalt, Krieg, Verschleppung und Zwangsarbeit in Verbindung standen".

Der Parcours endet mit einem besonders **eindrücklichen Mahnmal an der Moritzstraße**. Zu sehen ist ein Original-Waggon der Reichsbahn, aus dem drei in Mäntel gehüllte, gesichtslose Bronze-Figuren taumeln. Geschaffen wurde die Installation „**Die Rampe**" von Eva Renée Nele, Tochter von documenta-Begründer Arnold Bode, im Jahr 1982 für eine Ausstellung. Dieses recht düstere Werk, mit dem die 1932 geborene Künstlerin ihre eigene traumatische Kindheit verarbeitete, soll zum Frieden mahnen und an die Deportation und Ermordung von Menschen unter dem NS-Regime erinnern. Dass dieses starke Zeichen gegen die Verbrechen im Dritten Reich überhaupt noch zu sehen ist, ist letztlich einer Spendenaktion zu verdanken. Diese ermöglichte 1987 den Wiederaufbau der „Rampe", nachdem die Installation kurz nach der Einweihung durch einen Brandanschlag zerstört worden war.

❯ Beginn des Wegs in der Henschelstraße am K10, http://wde.uni-kassel.de

☐ *Das Mahnmal „Die Rampe" symbolisiert die Entmenschlichung und den Totalitarismus im Dritten Reich*

Die Henschel-Werke

Fast zwei Jahrhunderte lang hat der Maschinen- und Fahrzeugbaukonzern das wirtschaftliche Geschehen in der Stadt massiv geprägt. Im Jahr 1810 von Georg Christian Carl Henschel ursprünglich als Gießerei gegründet, entwickelte sich das Unternehmen in den darauffolgenden Jahrzehnten von einem kleinen Familienbetrieb zu einem der wichtigsten Hersteller von Lokomotiven in Europa. Im Jahr 1885 konnte die Fertigstellung der 2000. Henschel-Lok gefeiert werden, 1910 zum 100-jährigen Firmenbestehen verließ dann schon die 10.000. Lokomotive die Fabrik. Insgesamt beläuft sich die Gesamtzahl der von Henschel produzierten Lokomotiven vermutlich auf rund 30.000.

Als größter Arbeitgeber in der Stadt stellte Henschel, dessen Firmenlogo ein sechszackiger Stern war, über sechs Generationen den industriellen Mittelpunkt Kassels dar. „Kassel ist Henschel und Henschel ist Kassel", lautete ein Wahlspruch von Firma und Arbeitern. Während der beiden Weltkriege produzierte die Firma wichtige Rüstungsgüter wie Geschosse, Panzer und Flugzeugmotoren. Um die Produktion sicherzustellen, wurden von 1939 bis 1945 mehrere Tausend Zwangsarbeiter in den Henschel-Werken eingesetzt.

Aufgrund ihrer bedeutenden Stellung im Kriegsverlauf bildeten die Henschel-Werke ein wichtiges Ziel für Luftangriffe der Alliierten. In der Bombennacht vom 22. Oktober 1943 wurde auch die Firma schwer getroffen. Nach dem Zweiten Weltkrieg konzentrierte man sich vor allem auf den Bau von Omnibussen und Lastkraftwagen. 1957 endete mit dem Rücktritt von Oscar Robert Henschel als Firmenchef die Familientradition. Das Unternehmen ging anschließend mehrheitlich in andere Gesellschaften über. Mittlerweile existieren vom ursprünglichen Konzern nur noch eine Reihe von Nachfolgeunternehmen.

❽ Martinskirche ★★   [P1]

86 Register, mehr als 5500 Pfeifen und 2,5 Millionen Euro an Baukosten: Ein Hingucker im Innenraum der Martinskirche ist die 2007 eingeweihte Orgel, die sich mit ihrer enormen Größe noch nicht einmal vor der Orgel in der Elbphilharmonie verstecken muss. Sie stellt eines der spektakulärsten Musikinstrumente dar, die in den vergangenen Jahren in Deutschland gefertigt wurden. Nicht zuletzt ist es auch die Mischung aus Alt und Neu, die den speziellen Charme der Hunderte Jahre alten evangelischen Pfarrkirche ausmacht.

Von der Universität wieder in Richtung der Innenstadt kommend, sieht man schon von Weitem die markanten Türme der Martinskirche. In Kassels größtem Gotteshaus waren schon einige berühmte Persönlichkeiten zu Besuch. Ein Höhepunkt in der Geschichte ist zweifellos die Visite von **Johann Sebastian Bach** im September 1732, bei der er seine Dorische Toccata und Fuge d-Moll gespielt haben soll.

Mit dem Bau der dreischiffigen Hallenkirche wurde in der Mitte des 14. Jahrhunderts begonnen. Sie sollte nach Vorstellung des damaligen Landgrafen Heinrich II. nicht bloß eine gewöhnliche Pfarrkirche, **sondern der Dom Kassels werden**. Als Mittelpunkt der 1330 gegründeten Vorstadt „Freiheit", entwickelte sich das Gotteshaus zum geistigen Zentrum der gesamten Stadt. Die bauliche Vollendung erfolgte allerdings erst Ende des 19. Jahrhunderts, als noch zwei Türme im neugotischen Stil ergänzt wurden. Ihren Status als Stiftskirche verlor die Martinskirche, als Landgraf Philipp der Großmütige 1526 das evangelische Bekenntnis in Kassel einführte. Sie diente fortan nur noch als Pfarrkirche. An der Nordwand sind die Nachgüsse eines **Bronzereliefs** zu sehen, das ursprünglich den Sockel des sich früher am Martinsplatz befindlichen Denkmals für Landgraf Philipp den Großmütigen schmückte. Sie zeigen das **Marburger Religionsgespräch** von 1529 mit den Reformatoren und dem Landgrafen sowie die Verhaftung Philipps bei Halle im Jahr 1547.

Zwischen dem 16. und 18. Jahrhundert wurden in der Martinskirche die hessischen Landgrafen beigesetzt. Ein wahrer Blickfang neben der bereits erwähnten Orgel ist das 12 Meter hohe **Marmor- und Alabastergrabmal Philipps des Großmütigen**. Betritt man die Kirche, erkennt man sofort das beeindruckende Epitaph, das eines der größten und bedeutendsten Bildhauerwerke seiner Zeit darstellt. Als Grundform wurde ein nach oben hin erweiterter römischer Triumphbogen gewählt und neben biblischen Szenen sind auch der Landgraf und seine erste Frau, Christina von Sachsen, auf dem Grabmal abgebildet. Dass es noch immer zu betrachten ist, ist nicht selbstverständlich. Schließlich brannte die Martinskirche in der Bombennacht vom 22. Oktober 1943 bis auf die Außenmauern und die Turmstümpfe nieder. Die damals schwer beschädigte **Osanna-Glocke**, die 1818 von der Firma Henschel gegossen wurde, befindet sich als Mahnmal für die Schrecken des Kriegs im Innenraum der Kirche. Prägend für das Innere ist ferner ein verglaster Lettner, der den alten Chorraum mit rund 200 Plätzen für die normalen Gottesdienste und das Hauptschiff mit rund 1500 Plätzen für Festtage und Konzerte trennt. Bei großen feierlichen Veranstaltungen kann die Trennung aufgehoben werden.

Zwischen 1954 bis 1958 wurde das Gotteshaus in teilweise **veränderter Form wiederaufgebaut**. Dabei behielt man die erhaltenen Außenmauern bei, für die Doppeltürme wurde jedoch eine moderne Formsprache gewählt. Sie zählen heute mit ihrem unverwechselbaren Aussehen zu den Wahrzeichen der Stadt.

> Martinsplatz 5A, Tel. 770267,
> Öffnungszeiten: täglich 10–17 Uhr

021ka-df

❾ Druselturm ★ [P1]

Der runde Turm zwischen Martinskirche und Königsplatz wurde im Jahr 1415 zur Verstärkung der Stadtmauer errichtet und zählt damit zu den ältesten Bauwerken der Stadt. Seinen Namen verdankt das **44 Meter hohe Bauwerk dem Druselbach**, der unter der Stadtmauer hergeleitet wurde und Kassel mit Wasser versorgte. Der Druselturm diente in früheren Zeiten nicht nur als Wehrturm, sondern auch als Gefängnis mit tiefen Verliesen, in die die Gefangenen an Stricken hinabgelassen wurden. Im Laufe der Zeit wurde er auch als **Räucherkammer und Materiallager** genutzt.

Im Jahr 1905 zerstörte ein Großfeuer das Dach und weite Teile des Gebäudeinneren. Die Stadtverwaltung stimmte über einen Abriss ab und votierte mit nur einer Stimme Mehrheit für den Erhalt. Im Anschluss prägte nicht mehr ein schlichtes Kegeldach, sondern ein neues Dach mit vier Erkertürmchen das Stadtbild. Während des Zweiten Weltkriegs und den damit verbundenen fatalen Bombardierungen ging es allerdings in Flammen auf, während die Mauern erhalten blieben. Der Turm wurde anschließend wiederaufgebaut, wobei man sich wieder an dem historischen Vorbild orientierte. Nach dem Krieg befand sich in dem Gebäude auch ein Fotoatelier des als Trümmerfotograf bekannt gewordenen **Walter Thieme**. Von ihm stammen einige der bekanntesten Aufnahmen aus dem zerstörten Kassel. Heute steht der Turm leer.

❯ Druselplatz

◁ Die markanten Doppeltürme der Martinskirche wurden nach dem Zweiten Weltkrieg neu gestaltet

EXTRATIPP

Der Verlauf der Stadtmauer

Einen Eindruck von der alten Stadtmauer erhält man im Bereich der Hedwigstraße zwischen Unterer Königsstraße und Oberster Gasse [P1]. Dort ist ihr Verlauf durch farbiges Pflaster markiert.

❿ Markthalle ★★ [P2]

Der Duft von frisch gebackenem Brot, hausgemachten Marmeladen, verschiedenen Fleischsorten und gesundem Obst und Gemüse steigt einem direkt in die Nase, wenn man zwischen Donnerstag und Samstag **den früheren Marstall** mitten in der Altstadt betritt. Auf zwei Etagen und einer zusätzlichen Freifläche vor dem Gebäude präsentieren dann mehr als 70 Marktbeschicker aus Kassel und der Region ihre kulinarischen Waren.

Seit 1965 ist die Markthalle, die man vom Druselturm ❾ aus über den Entenanger erreicht, im ehemals ältesten Museums- und Bibliotheksgebäude der Stadt beheimatet, das Landgraf Wilhelm IV. zwischen 1591 und 1593 im Stil der Weserrenaissance errichten ließ. Während im Erdgeschoss damals die fürstlichen Pferde untergebracht waren, diente das Obergeschoss als Kunst- und Raritätenkammer und als Ort, in dem wissenschaftliche Experimente durchgeführt wurden. Im Laufe des 17. Jahrhunderts verlegte Landgraf Wilhelm V. seine kostbare Bibliothek in den Marstall.

Nachdem das Bauwerk im Zweiten Weltkrieg bis auf seine Grundmauern niedergebrannt war, wurde es Anfang der 1960er-Jahre nach **historischem Vorbild wiederaufgebaut** und fortan als Markthalle genutzt. Im Gebäu-

022ka-cl

de befinden sich zudem das Stadtarchiv und das Medienzentrum der Stadt. Architektonisch stellt es mit seinen wunderschönen Giebeln, Seitenflügeln und Dachfiguren ein echtes Meisterwerk und damit eines der schönsten Bauwerke in Kassel dar. In diesem Kasseler Schlemmerparadies sind nicht nur die regionalen Spezialitäten wie Ahle Wurscht oder Weckewerk (s. S. 82) zu empfehlen, die Bandbreite der angebotenen Waren lässt kaum einen Wunsch offen.

Die Markthalle ist auch ein Ort der Begegnung: Sie wird häufig als Treffpunkt gewählt, um sich in den Cafés oder Restaurants zu unterhalten und dabei gemütlich einen Kaffee oder ein Glas Wein zu sich zu nehmen.

❯ Wildemannsgasse 1, Tel. 780395, www.markthalle-kassel.de, geöffnet: Do./Fr. 7–18 Uhr, Sa. 7–14 Uhr

⌃ *Eines der schönsten Bauwerke Kassels: die Markthalle in der Altstadt*

⓫ Alte Brüderkirche und Renthof ★ [P2]

Überquert man nun die Bundesstraße, stößt man in der Nähe der Fulda auf die ältesten Gebäude in der Innenstadt: Die Brüderkirche und der angrenzende Renthof können eine jahrhundertelange Tradition in Kassel aufweisen. Ihre ursprüngliche Bestimmung haben sie allerdings weitgehend verloren.

Die Mitglieder des **Karmeliterordens**, die sich auf Einladung von Landgraf Heinrich I. in Kassel niedergelassen hatten, begannen ab 1292, an dieser Stelle ein Gotteshaus und ein Kloster zu bauen. Die Kirche, die 1376 fertiggestellt wurde, ließ der Orden im Stil der Hochgotik errichten, zugleich flossen die strengen Ansichten der Mönche und ihre damit einhergehende Absage an Pomp und Luxus auch in die Gestaltung des Gotteshauses ein, das bewusst schlicht gehalten wurde. Ein Hingucker ist dagegen das fein gearbeitete **Sandsteinrelief über dem ehemaligen Haupteingang**. Dieses sehenswerte

Kämpferin für die Gleichberechtigung

Nach einer der bedeutendsten Frauen in der Geschichte Kassels wurde eine Promenade in der Unterneustadt direkt am Fulda-Ufer benannt: Elisabeth Selbert. Die 1896 als Martha Elisabeth Rohde geborene Juristin und Politikern zählt zu den vier „Müttern des Grundgesetzes" und war entscheidend daran beteiligt, dass der Satz „Männer und Frauen sind gleichberechtigt" in der Verfassung verankert wurde.

Aufgewachsen in einem christlich geprägten Elternhaus, musste Selbert zunächst ihren Traum aufgeben, Lehrerin zu werden, da sich ihr Vater die teure Ausbildung nicht leisten konnte. Während der Novemberrevolution 1918 lernte sie ihren späteren Mann, Adam Selbert, Buchdrucker und Vorsitzender des Arbeiter- und Soldatenrats in Niederzwehren, kennen. Sie trat in die SPD ein und war bis 1933 Mitglied des Bezirksvorstands der Partei. Ihr Mann ermutigte sie dazu, ihr Abitur nachzuholen und Jura zu studieren - trotz zwei kleiner Söhne - und das mit Erfolg: Nach dem ersten Staatsexamen promovierte Selbert 1930 über das Thema „Ehezerrüttung als Scheidungsgrund". Vier Jahre später legte sie ihr zweites Staatsexamen ab und wurde als Rechtsanwältin zugelassen.

Die NS-Zeit sollte einen großen Einschnitt für die Familie bedeuten: Da ihr Mann wegen seiner politischen Tätigkeiten entlassen und sogar vier Wochen lang im KZ Breitenau inhaftiert wurde, musste die Anwältin, die 1934 die Kanzlei zweier jüdischer Juristen am Königsplatz übernommen hatte, ihre Familie nun allein ernähren. Nach dem Zweiten Weltkrieg wurde sie in den Hessischen Landtag und in den Parlamentarischen Rat gewählt. Dieser besaß die Aufgabe, das Grundgesetz für die Bundesrepublik auszuarbeiten. Mit Unterstützung von Frauenrechtsorganisationen gelang es Selbert schließlich, dass das Gremium den bereits erwähnten Gleichheitsgrundsatz als unveräußerliches Grundrecht in die Verfassung aufnahm. Ende der 1950er-Jahre zog sie sich zunehmend aus der Politik zurück und arbeitete noch bis zu ihrem 85. Lebensjahr in ihrer Anwaltskanzlei. Für ihre herausragenden Verdienste wurde sie 1956 mit dem Großen Bundesverdienstkreuz ausgezeichnet und 1984 - zwei Jahre vor ihrem Tod - zur Kasseler Ehrenbürgerin ernannt. Der zentrale Sitzungssaal des Bundessozialgerichts trägt den Namen der Juristin und Politikerin.

Werk entstand um 1500 und zeigt die Beweinung Christi.

Als 26 Jahre später das angrenzende Kloster nach Einführung der Reformation aufgelöst wurde, diente das Gotteshaus fortan als **Pfarrkirche der Altstadt.**

Wie viele andere Gebäude in der Stadt wurde auch die Brüderkirche im Zweiten Weltkrieg stark beschädigt. Heutzutage finden in den Räumlichkeiten weitestgehend nur noch kulturelle und gesellschaftliche Veranstaltungen statt. Mit dem Bau der Neuen Brüderkirche im Jahr 1971 an der Weserstraße verlor das Gotteshaus, das in seiner ursprünglichen Form wiederaufgebaut wurde, seine sakrale Bestimmung. Ausschließlich der Kapitelsaal wird von der griechisch-orthodoxen Gemeinde Kassels für Gottesdienste genutzt.

Auch der **Renthof**, in dem früher das Kloster beheimatet war, kann auf eine **wechselhafte Geschichte** zurückblicken. Nach der bereits angesprochenen Auflösung des Karmeliterklosters ließ Landgraf Moritz das Gebäude zu einer Hof- und Gewerbeschule umbauen. Hier wurde auch der berühmte Komponist Heinrich Schütz ausgebildet, der zwischen 1612 und 1617 Organist der Kasseler Hofkapelle war. Nach einem Umbau zur Ritterakademie diente der Renthof in den Jahren 1633 bis 1653 als **Sitz der Universität**. Anschließend nahm das Gebäude mehrere hessische Oberbehörden und Gerichte als Erweiterung des angrenzenden Kanzleibauwerks an der Fulda auf. Der Name „Renthof" leitet sich von diesen Behörden ab, die als Rentamt bezeichnet wurden und unter anderem für die Verwaltung der grundherrschaftlichen Einnahmen verantwortlich waren. Von 1943 bis 2013 wurde der Renthof als Altenheim genutzt, heute befindet sich das Hotel Renthof (s. S. 128) in dem **denkmalgeschützten Gebäudekomplex**. Aufgrund der erhalten gebliebenen historischen Grundelemente besticht das Bauwerk noch immer mit einer einzigartigen Atmosphäre. Das 300 Jahre alte spätbarocke Treppenhaus im Inneren, ein Meisterwerk damaliger Schreinerkunst, wurde beispielsweise absichtlich in seiner ursprünglichen Form bewahrt. Sehenswert ist auch der **Apollo-Brunnen** im Hof, der um 1600 entstand und damit der älteste noch erhaltene Brunnen in Kassel ist.

❯ Steinweg

⑫ **Naturkundemuseum (Ottoneum)** ★★★ [P2]

Ein Gebäude mit großer Geschichte: Das Naturkundemuseum befindet sich im Ottoneum, dem ältesten Theatergebäude Deutschlands. Zahlreiche Exponate geben einen Überblick über die Entwicklungsgeschichte der heimischen Tier- und Pflanzenwelt. Eines der interessantesten Ausstellungsstücke ist hierbei der „Goethe-Elefant".

Landgraf Moritz ließ das Theater zu Beginn des 17. Jahrhunderts durch den Baumeister **Wilhelm Vernukken** für die Aufführungen von Komödien errichten und benannte es nach seinem Lieblingssohn Otto. Unter **Landgraf Karl** erfolgte 1696 der Umbau zu einem Kunstmuseum. Später diente das Ottoneum unter anderem noch als Sitz des Collegium Carolinum, des Kadettenhauses und des Steuerkollegs sowie als Schwurgericht und Lazarett.

Seit dem Ende des 19. Jahrhunderts beherbergt es das **Naturkundemuseum**, allerdings wurde im **Zweiten Weltkrieg** nicht nur das Gebäude stark beschädigt, sondern es wurden auch zahlreiche kostbare Exponate zerstört. Die Stadt Kassel baute das historische Gebäude in den Jahren nach dem Krieg wieder auf. Nach einer umfangreichen Sanierung zwischen 1994 und 1997 präsentiert sich das Museum heutzutage als ein modernes Ausstellungshaus auf drei Etagen. Direkt vor dem Haupteingang wird der Besucher von dem schönen **Papin-Brunnen** begrüßt, der zu Ehren des Erfinders Denis Papin erbaut wurde. An dieser Stelle soll er 1706 seine Hochdruck-Dampfpumpe präsentiert haben, die Wasser 24 Meter hoch fördern konnte.

024ka.df

Nicht weniger geschichtlich geht es innen im Naturkundemuseum zu. Während das Erdgeschoss für **Sonderausstellungen** reserviert ist, widmen sich die beiden oberen Etagen der **nordhessischen Erdgeschichte** und den Schätzen der **historischen Sammlung**. Vogelgezwitscher, große Saurierskelette und an der Decke angebrachte Seekühe erwarten den Besucher zu Beginn des Rundgangs, auf dem ihm die regionalen Lebensgemeinschaften des Landes und des Meeres vom Erdaltertum bis heute nähergebracht wird.

Wahre Schätze gibt es schließlich im zweiten Teil der Dauerausstellung zu begutachten. Die ältesten Objekte waren Teil der fürstlichen Kunst- und Wunderkammer, die eine beachtliche Sammlung von allerlei naturkundlichen Raritäten beherbergte. Dazu zählt auch das **Herbar Ratzenberger**, das zu den ältesten erhaltenen Herbarien Europas zählt. Zu den Attraktionen gehört auch der „**Goe**the-Elefant", der im 18. Jahrhundert im Tierpark von Landgraf Friedrich II. lebte. Johann Wolfgang von Goethe lieh sich nach dem Tod des Tiers dessen Schädel für seine Forschungen zum sogenannten Zwischenkieferknochen aus. Dabei gelang es ihm, die Verwandtschaft von Mensch und Tier nachzuweisen.

Ein weiterer sehenswerter Teil der Dauerausstellung dreht sich um ein etwas jüngeres Kapitel der Kasseler Geschichte. Im Jahr 2008 wurden auf dem Gelände der Universität an der Kurt-Wolters-Straße Skelette gefunden. Wie sich herausstellte, handelt es sich dabei um 400 in einem Lazarett in Kassel **verstorbene napoleonische Soldaten.** Die Berliner Künstlerin Lisa Büscher fertigte vor einigen Jahren zwei lebensecht nachgebildete Figuren an, die zwei von ihnen

⌃ *Das Ottoneum wurde schon für viele Zwecke verwendet*

in Uniformen einer luxemburgischen Husareneinheit zeigen. Den namenlosen Toten, von denen lange Zeit niemand etwas wusste, soll dadurch ihre Würde zurückgegeben werden.

> Steinweg 2, Tel. 7874066, www.naturkundemuseum.kassel.de, Eintritt: Erw. 2 €, erm. 1 €, Kinder unter 6 Jahren frei, geöffnet: Di. u. Do.–Sa. 10–17, Mi. 10–20 u. So. 10–18 Uhr

⓭ Staatstheater Kassel ★ [P2]

Nur wenige Meter neben dem Naturkundemuseum befindet sich das Staatstheater, dessen Angebot nicht nur Schauspiele, sondern auch Opern- und Ballettaufführungen, Musicals und Konzerte umfasst. Mit dem Gebäude führt Kassel seine jahrhundertelange **Tradition als Theaterstadt** fort, an deren Beginn das Ottoneum ⓬ stand.

Bedeutende kulturelle Aufführungen wurden im Laufe der Geschichte an verschiedenen Orten der Stadt dem Publikum nähergebracht. Landgraf Friedrich II. ließ z. B. 1771 ein Komödienhaus errichten, das aber nur

wenige Jahre später abbrannte. Er war es auch, der Simon Louis du Ry beauftragte, an der Stelle der heutigen GALERIA Karstadt Kaufhof ein Opernhaus zu bauen. Aus diesem Grund trägt das Areal in der Innenstadt auch den Namen **Opernplatz**. Nachdem das Haus zwischenzeitlich aus Kostengründen geschlossen wurde, ließ es Kurfürst Wilhelm II. 1821 als Hoftheater wiedereröffnen, wobei vor allem französische und italienische Opern den Spielplan prägten.

Dass Kassel in dieser Zeit als eine der Opern-Hochburgen Europas galt, lag auch an dem berühmten Komponisten **Louis Spohr**, der hier als Hofkapellmeister wirkte. Auch **Gustav Mahler** war zwischen 1883 und 1885 Musik- und Chordirektor am Hoftheater. Da sich das Gebäude aber angesichts der wachsenden Bevölkerungszahl zunehmend als unzureichend erwies, wurde die alte Oper Anfang des 20. Jahrhunderts abgerissen und durch einen Neubau ersetzt. Das barock anmutende **Neue Hoftheater** – auch Preußisches Staatstheater genannt – an der Südostseite

025ka-df

des Friedrichsplatzes besaß mit rund 1450 Sitzplätzen eine der größten Bühnen Deutschlands und konnte sich in der Folgezeit einen hervorragenden Ruf erspielen. Kaiser Wilhelm II., der auch der Eröffnung 1909 beiwohnte, gehörte zu den regelmäßigen Besuchern des Hauses.

Nachdem Teile des Theaters im **Zweiten Weltkrieg** zerstört wurden, entschloss sich die Stadt dazu, das Gebäude abzureißen – trotz vehementer Proteste seitens der Bevölkerung. Der Neubau sollte für einen handfesten Skandal sorgen: Eigentlich war schon beschlossen, den visionären Entwurf des Architekten-Duos Hans Scharoun, der später auch die Berliner Philharmonie entwarf, und Herrmann Mattern zu verwirklichen, doch wenige Wochen nach Baubeginn entzog die Landesregierung den Architekten den Auftrag – und führte dabei finanzielle und terminliche Bedenken als Begründung an. Der Streit zwischen Scharoun und Mattern auf der einen und der Regierung auf der anderen Seite sorgte als „Staatstheater-Katastrophe" bundesweit für Schlagzeilen. Stattdessen wurde **Paul Bode**, Bruder des documenta-Gründers Arnold Bode, mit dem Bau des neuen Theaters beauftragt, das schließlich im September 1959 feierlich eröffnet werden konnte.

Trotz der damaligen Querelen ist das Staatstheater als **Dreispartenhaus** mit Schauspiel, Musik- und Tanztheater heute aus der kulturellen Landschaft der Stadt nicht mehr wegzudenken. Rund 30 Neuinszenierungen pro Jahr sorgen dabei für ein abwechslungsreiches Programm, mit dem sich das Haus den Fragen der Gegenwart stellen möchte.

❯ Friedrichsplatz 15, Tel. 1094222, www.staatstheater-kassel.de

Das grüne Kassel und der Weinberg

Mit seinen zahlreichen Parks und Gartenanlagen zählt die nordhessische Metropole zu den grünsten Städten Europas. Mehr als 60 Prozent des Stadtgebiets besteht aus Grünflächen. Direkt an die Innenstadt angrenzend befindet sich der barocke **Staatspark Karlsaue** mit seinem beeindruckenden **Orangerieschloss** ⓮, der malerischen **Blumeninsel Siebenbergen** ⓰ und den kleinen Kanälen. Zu Beginn des 18. Jahrhunderts als symmetrisch ausgerichteter Barockgarten angelegt, wurde er später im Stil eines **englischen Landschaftsgartens** umgestaltet.

Ein weiteres Kleinod im Grünen stellt südwestlich davon der weitläufige **Park Schönfeld** dar, der unter anderem mit dem 1777 erbauten **Schloss Schönfeld** ⓱ und dem **Botanischen Garten** ⓲ lockt.

Eine wechselreiche Geschichte hat dagegen der **Weinberg** mit seiner vielfältigen Pflanzenwelt zu bieten. Während des Zweiten Weltkriegs lebten in den Gängen und Stollen der **Bunkeranlage** im Weinberg bis zu 10.000 Menschen, um Schutz vor den Bombardierungen der Alliierten zu finden. Inmitten des historischen Geländes befinden sich zwei Museen, die auf ihren jeweiligen Gebieten zu den prägendsten Einrichtungen zählen: die **Grimmwelt** ⓴ und das **Museum für Sepulkralkultur** ⓳.

◁ *Die Aufführungen im Staatstheater umfassen zahlreiche Sparten*

⑭ Orangerieschloss ★★★ [P3]

Vom documenta-Außenkunstwerk „Rahmenbau" (s. S. 21) neben der documenta-Halle genießt man einen herrlichen Ausblick auf den Staatspark Karlsaue, den man von hier aus über die Gustav-Mahler-Treppe erreichen kann. Besonderer Hingucker ist das barocke Orangerieschloss mit seiner markanten gelben Fassade.

Anfang des 18. Jahrhunderts als Sommerresidenz für Landgraf Karl und seine Frau Maria Amalia und als Gewächshaus für exotische Pflanzen gebaut, beherbergt das Schloss mittlerweile neben **Hessens größtem Planetarium** auch das **Astronomisch-Physikalische Kabinett**. Dass diese massive Sammlung bedeutender Messinstrumente und Uhren, die zu den weltweit bedeutendsten ihrer Art zählt, im Orangerieschloss bestaunt werden kann, ist nicht zuletzt dem großen Interesse der Landgrafen an den Naturwissenschaften zu verdanken. So gründete Landgraf Wilhelm IV. im Jahr 1560 im Kasseler Stadtschloss die **erste neuzeitliche Sternwarte Europas.** Noch heute sind wertvolle astronomische Instrumente aus dieser Zeit in den Räumlichkeiten ausgestellt, unter anderem des Schweizer Uhrmachers Jost Bürgi und von Ebert Baldewein.

Die Landgrafen schafften in der Folgezeit für Lehr- und Forschungszwecke wertvolle Uhren, Vakuumpumpen, Mikroskope, Fernrohre und Elektrisiermaschinen an, wodurch die Sammlung immer weiterwuchs. Die Ausstellung teilt sich in die Bereiche Astronomie, Experimentalphysik, Mathematik/Informationstechnik und die Raum- und Zeitmessung. Zahlreiche Wunderwerke der Technik sind hier zu sehen, allen voran die **Planetenuhr von Landgraf Wilhelm IV.**, die nach mehrjähriger Bauzeit durch den bereits erwähnten Instrumentenmacher Ebert Baldewein 1562 fertiggestellt wurde. Dieses Meisterwerk, das dazu diente, die Umlaufbahnen der Planeten zu zeigen, ist eine von nur noch vier weltweit erhaltenen Planetenuhren aus der Zeit der Renaissance und stellt das Glanzstück im Astronomie-Saal des Museums dar.

O26ka-as©hellzbellz1 - stock.adobe.com

Es gehört zu den weltweit frühesten Versuchen, den Lauf der Gestirne möglichst naturgetreu nachzubilden.

Ein weiteres Highlight ist ein mechanischer Maikäfer in Lebensgröße, dessen Fühler und Beine durch ein Uhrwerk betätigt werden können. Obwohl die Themen, die behandelt werden, auf den ersten Blick etwas kompliziert erscheinen, werden sie mithilfe der kostbaren Exponate und diverser Mitmachangebote **sehr verständlich und eindrucksvoll vermittelt.**

Nicht weniger spektakulär ist das Angebot, das sich den Besuchern im **Apollo-Saal** in der dritten Etage der Orangerie eröffnet. Dank modernster Technik kann man sich im **Planetarium** seit 1992 auf atemberaubende Reisen durch den Weltraum begeben. Dabei wird der Sternenhimmel während der Vorstellungen auf eine Kuppel mit zehn Meter Durchmesser projiziert. Nach umfangreichen Umbauarbeiten in den vergangenen Jahren verfügt das Planetarium mittlerweile über ein ultramodernes Hybrid-Projektionssystem, das faszinierende Einblicke in ferne Galaxien und fremde Welten ermöglicht.

› An der Karlsaue 20a, https://museum-kassel.de/de/museen-schloesser-parks/staatspark-karlsaue/orangerie, geöffnet: Di.–Do. u. Sa./So. 10–17 Uhr u. Fr. 10–20 Uhr, Astronomisch-Physikalisches Kabinett, Erw. 3 €, erm. 2 €, bis 18 Jahre frei, Planetarium nur nach Voranmeldung unter Tel. 31680756 (Mo.–Fr. 9–16 Uhr) bzw. 31680500 (Fr. ab 16 Uhr, Sa., So.), Erw. 6 €, erm. 4 €, bis 18 Jahre 2 €

◁ *Astronomie-Fans kommen in der Orangerie auf ihre Kosten*

EXTRATIPP

Abstecher ins Universum

Für Astronomiefreunde bietet die Karlsaue eine besondere Attraktion: Seit 1996 gibt es dort den **Planetenwanderweg,** auf dem die Abstände und Größen der Planeten unseres Sonnensystems im Maßstab von 1 : 495 Millionen verkleinert sind. Ausgangspunkt ist dabei die Orangerie ⑭, über deren gläsernen Eingang eine Sonne angebracht ist. Folgt man den Wegen auf der Karlswiese, findet man in korrekten Abständen die Planeten, die um die Sonne kreisen – zunächst den Merkur, dann die Venus und die Erde. Die Planeten werden dabei durch Edelstahlkugeln dargestellt, die an den jeweiligen Standorten in metallene Erklärtafeln eingelassen wurden. Darauf sind die wichtigsten Informationen über die einzelnen Himmelskörper verzeichnet.

Nach der Erde passiert man längs der Achse der Karlsaue zunächst den Mars, ehe man an der Schwaneninsel eine goldene Kugel auf dem Tempel erblicken kann – den Jupiter. Aufgrund ihrer immensen Entfernung von der Sonne befinden sich Saturn und Uranus nicht mehr im Staatspark.

⑮ Marmorbad ★ [P3]

Direkt neben dem Schloss befindet sich ein Gebäude mit quadratischem Umriss, das von außen dem Baustil der Orangerie nachempfunden wurde. Dabei handelt es sich um das Marmorbad, das der Bildhauer **Pierre Etienne Monnot** im Auftrag von Landgraf Karl zwischen 1722 und 1728 errichtete. Der Pavillon, der trotz seines Namens nie als Badehaus, sondern eher für repräsentative Anlässe und rauschende Feste genutzt wurde, ist das letzte erhaltene spätbarocke Badegebäude in Deutschland. Laut einer Legende soll Jérôme Bonaparte hier einmal in Rotwein gebadet haben. Obwohl die Erzählung vermutlich jeder Grundlage entbehrt, passte sie aber zum Bild des verschwendungssüchtigen Regenten, den die Kasseler gerne aufs Korn nahmen.

Im Inneren des Gebäudes staunt man als Besucher über die **prachtvolle Innenarchitektur** mit marmornen Skulpturen und Wandreliefs, einem hellen Steinfußboden und farbig strukturierten Wänden. Im Zentrum befindet sich das achteckige Badebecken, das mit Pfeilern und Statuen eingefasst und per Treppenzugang zu erreichen ist.

Bei der Gestaltung des Marmorbades ließ sich Monnot von den „**Metamorphosen**" des römischen Dichters Ovid inspirieren, sodass einige Kunstwerke die tragischen Liebesgeschichten aus dem mythologischen Werk darstellen. Es ist beeindruckend, mit welchem Detailreichtum die Skulpturen und Wandreliefs geschaffen wurden, die einen zu einem spannenden Rundgang durch die antike Mythologie verleiten. Die Motive reichen von der Entführung der Europa durch Jupiter über die Hochzeit des Bacchus mit Ariadne und die Geburt der Venus bis zur Geschichte von Narziss und der Befreiung der Andromeda. Auch Landgraf Karl und seine Gattin sind mit aufwendigen Porträtbüsten verewigt.

Zahlreiche Hintergrundinformationen zur Geschichte des Marmorbades und der hier dargestellten Kompositionen **liefert ein Audioguide**, der im Ticketpreis enthalten und genau wie die Eintrittskarten an der Kasse der Orangerie erhältlich ist.

> An der Karlsaue 20d, Tel. 31680500, Eintritt: Erw. 4 €, erm. 3 €, bis 18 Jahre frei, geöffnet: 1. April–31. Oktober Di.–So. 10–17 Uhr

⓰ **Blumeninsel Siebenbergen** ★★ [ek]

Am südlichen Ende der Karlsaue erstreckt sich die wunderschöne Blumeninsel Siebenbergen, die man von der Orangerie ⓮ aus auf Wegen entlang des Aueteichs erreichen kann. Während des Spaziergangs erhält man einen schönen Blick auf die **Schwaneninsel**, in deren Mitte ein **klassizistischer Tempel** steht. Auf der grünen Kuppel ist eine goldene Kugel angebracht, die den Planeten Jupiter darstellen soll (s. S. 43). Die Insel ist jedoch nicht zugänglich, da kein Steg über das Wasser führt.

Die **Blumeninsel Siebenbergen**, deren Geschichte eng mit der Schwaneninsel zusammenhängt, ist dagegen über eine Brücke erreichbar. Sie entstand zu Beginn des 18. Jahrhunderts, als der Aueteich, der auch „Großes Bassin" genannt wird und sich direkt auf der Mittelachse der Karlsaue befindet, angelegt wurde. Der Name Siebenbergen rührt vermutlich daher, dass ursprünglich diverse kleine Ausblickshügel auf dem Eiland vorhanden waren, ehe man sie zu Beginn des 19. Jahrhunderts abtrug und die Insel neu bepflanzte. **Hofgärtner Wilhelm Henze** (1793–1874) gestaltete sie im Stile eines englischen Landschaftsgartens. Unter seiner Regie entwickelte sich die Insel zur berühmtesten Blumeninsel Hessens. Er ließ nicht nur zahlreiche neue Wege anlegen, sondern auch viele exotische Pflanzen einsetzen. Auf der Nordseite der Insel befindet sich ein Denkmal für den damaligen Chef der kurhessischen Gartenverwaltung, das 1897 eingeweiht wurde.

Angesichts der **mehr als 100 verschiedenen Pflanzenarten** aus aller Welt verkörpert das Eiland ein wahres

Naturerlebnis, das mit seinem bunten Blütenmeer, dem Ausblick über die Wasserflächen und seiner Vielfalt an Blumen, Bäumen und Sträuchern eine wunderbare Atmosphäre bietet. In einem Pflanzenbuch, das an der Kasse erhältlich ist, kann man sich über die farbenprächtige Flora informieren. Um die Insel zu erkunden, sind drei Höhenbereiche zu bewältigen – der Aufstieg, den man dafür in Kauf nehmen muss, lohnt sich jedoch allemal. Mehrere Bänke bieten die Möglichkeit, eine kleine Pause einzulegen und die Erhabenheit der Natur ganz in Ruhe auf sich wirken zu lassen.

> https://museum-kassel.de/de/museen-schloesser-parks/staatspark-karlsaue/insel-siebenbergen, Eintritt: Erw. 3 €, erm. 2 €, bis 18 Jahre frei, geöffnet: April – Oktober, Di. – So. 10 – 18 Uhr

⌃ *Ein buntes Pflanzenparadies erwartet die Besucher auf der Blumeninsel Siebenbergen*

🔴 Schloss Schönfeld ⭐ [ek]

Mitten im Park Schönfeld, der knapp anderthalb Kilometer westlich der Blumeninsel Siebenbergen 🔵 liegt und alljährlich Austragungsort des Brüder-Grimm-Festivals (s. S. 99) ist, steht ein eher kleines Schloss, das 1777 vom preußischen Offizier **Nikolaus von Schönfeld** als Sommerresidenz gebaut wurde. Nachdem das Gebäude bereits in den ersten Jahrzehnten mehrfach den Besitzer gewechselt hatte, wurde es nach den napoleonischen Eroberungen 1809 an **Jérôme Bonaparte**, Herrscher des neuen Königreichs Westphalen, verkauft, der es weiter ausbauen ließ. Das Schloss diente dem jüngsten Bruder Napoleons nicht nur dazu, dort rauschende Feste zu feiern, sondern auch als Rückzugsort, um mit seinen diversen Geliebten die Nacht zu verbringen. 1821 wurde in dem Schlösschen eine **uneheliche Tochter Jérômes** geboren, der er den Titel „Gräfin von Schönfeld" verlieh.

EXTRATIPP

Der Klangpfad

Wer durch den Park Schönfeld schlendert, dem werden diverse **Objekte aus Stein, Metall und Holz** auffallen, die hier an verschiedenen Orten in die Landschaft integriert wurden. Dabei handelt es sich um **Klanginstallationen,** die den Spaziergängern die Möglichkeit geben sollen, sich auf eine musikalische Entdeckungsreise zu begeben. Die verschiedenen „Instrumente", die von diversen Künstlern in den vergangenen Jahren entworfen wurden, verbinden Kunst, Musik und Bewegung und laden die Besucher des Parks zum Verweilen und Spielen ein. Seien es die Basalt-Fächer, der Summstein, das Baumstamm-Xylophon oder das Klanggitter aus Edelstahl: Es ist schon erstaunlich, welch schöne Klänge man mit diesen Objekten fabrizieren kann, wenn man sich mit ihnen befasst. Nach Vorstellung des Musikpädagogen **Walter Sons,** der 2002 die Idee für dieses Projekt präsentierte und sie anschließend mit Bürgern der Stadt realisierte, sollen sich die Töne der Natur mit denjenigen der Installationen verbinden und somit einen Ort der Entspannung und der Kreativität entstehen lassen. Gruppen können auf Anfrage spezielle Klangspaziergänge buchen. Mehr Informationen unter www.klangpfad-kassel.de.

Nach dem Ende des Königreichs fiel das Schloss in den Besitz von Kurfürst Wilhelm I. Sein Sohn Wilhelm II. schenkte es direkt nach seinem Regierungsantritt seiner Frau Auguste, die dort den sogenannten **Schönfelder Kreis** versammelte. Die Kurfürstin, die schon seit Jahren von ihrem Mann getrennt lebte, traf sich dabei mit der intellektuellen Elite Kurhessens. Dieser der Romantik nahestehende Zirkel bildete eine Opposition gegen den Kurfürsten, dessen autokratischer Politik er ablehnend gegenüberstand.

Anfang des 20. Jahrhunderts erwarb die Stadt Kassel das Schloss und renovierte es umfangreich. Nachdem es im Ersten Weltkrieg als Hilfslazarett und Militärgefängnis genutzt wurde, stellte im Zweiten Weltkrieg der große Luftangriff auf Kassel im Oktober 1943 für das Gebäude einen großen Einschnitt dar: Nicht nur der Westflügel wurde zerstört, sondern auch der Mittelpavillon erheblich beschädigt. Erst 1965 begann der Wiederaufbau.

Dass das Schloss heutzutage wieder in neuem, altem Glanz erstrahlt, ist nicht zuletzt dem Verein **Schloss Schönfeld e. V.** zu verdanken. Dieser Zusammenschluss von Privatpersonen aus Geschäftswelt, Wissenschaft und Kultur hat es sich seit 1985 zur Aufgabe gemacht, das vom Verfall bedrohte Gebäude mit einem Millionenaufwand grundlegend zu sanieren. Das Unterfangen ist geglückt: Das Schloss Schönfeld stellt wieder ein Kleinod im Grünen dar, das dank des stimmungsvollen Ambientes der Neorenaissance ein **beliebter Ort für Trauungen** ist.

Vor dem Schlösschen befindet sich zudem ein Hauptwerk des Kasseler Bildhauers **Johann Werner Henschel:** die sehenswerte Brunnenskulptur „Hermann und Dorothea" nach einem Epos von Johann Wolfgang von Goethe.

❯ Bosestraße 13, Bus 25 (Haltestelle Botanischer Garten) oder Straßenbahn 6 (Haltestelle Park Schönfeld)

⓲ Botanischer Garten ★★ [dj]

Am Rande des Parks Schönfeld gelegen, zeigt der Botanische Garten **zu jeder Jahreszeit ein anderes Gesicht.** Seine Wurzeln reichen ins Jahr 1912 zurück, als er in der Nachbarschaft des Schlosses Schönfeld ⓱ als Schulgarten eingerichtet wurde. Nachdem die Anlage kurz nach dem Zweiten Weltkrieg in einen Botanischen Garten umgewandelt wurde, bildete die Bundesgartenschau 1955 einen idealen Anlass, das Areal grundlegend neu zu gestalten. Bis heute sind die typischen gartenarchitektonischen Elemente der Nachkriegszeit, wie die luftige Bepflanzung, die mit Sandstein terrassierten Flächen und die Wasserbecken, erhalten geblieben.

Dass sich dieses Schmuckstück der Gartenkunst der 1950er-Jahre weiterhin in dieser Form den Besuchern präsentieren kann, war jedoch nicht immer klar. 1982 stellte die Stadt aus Kostengründen die finanzielle Unterstützung für den Garten ein, der dadurch in eine öffentliche Grünfläche umgewandelt wurde. Erst zu Beginn des neuen Jahrtausends wurde der Botanische Garten zu neuem Leben erweckt, was unter anderem an den **neu gestalteten Themenbeeten** sichtbar ist.

Das Areal ist ein hervorragender Ort zum Flanieren und Verweilen – mitsamt kleinen Teichen und einem Spielplatz für die Kleinen. Vom Haupteingang aus wird der Besucher von einer Allee aus **80 Kaiserlinden** begrüßt, die auf beiden Seiten des Wegs ein Spalier bilden. Folgt man dieser 2003 angelegten Allee, erreicht man die verschiedenen Themengärten. Auf der linken Seite erstreckt sich zunächst der **Staudengarten,** bestehend aus 18 Beeten, in denen wunderschöne Blüten sprießen. Wenn man der Allee weiter folgt, erblickt man nach wenigen Metern rechts ein Areal, das in Form eines Hexagramms angeordnet ist – der **Heilkräutergarten** mit rund 60 verschiedenen Kräutern.

Rhododendren, Azaleen und verschiedene Farne: Der weitere Verlauf des Botanischen Gartens ist ebenfalls durch eine abwechslungsreiche Pflanzenpracht gekennzeichnet. Besonders stachelig wird es dagegen am Ende des Rundgangs: Mit viel ehrenamtlichem Engagement werden im **Kakteenhaus** 300 verschiedene Kakteen und Sukkulenten liebevoll präsentiert.

❯ Bosestraße, Tel. 73979770,
www.botanischer-garten-kassel.de,
Eintritt: frei, geöffnet: Haupttor ganzjährig
8–19.30 Uhr, Südtor zwischen November und März geschlossen

❯ *Im Schloss Schönfeld* ⓱ *feierte Napoleons Bruder rauschende Feste*

Die Geschichte des Weinbergs

Der Weinberg mit seinen gewaltigen Stützmauern kann seit seiner ersten urkundlichen Erwähnung im 13. Jahrhundert eine bewegte Geschichte vorweisen. Wie der Name des Geländes schon verrät, diente es zunächst zum Weinanbau. Die Muschelkalkfelsen stellten einen idealen Anbauort für wärmebedürftige Kulturpflanzen dar. Am Fuße des Berges entstand das Dorf Weingarten, dessen Bewohner vor allem Winzer und Landwirte waren. Allerdings wurde es 1385 durch die Truppen des Erzbischofs von Mainz komplett verwüstet. Noch bis ins 17. Jahrhundert wurde das Areal für den ursprünglichen Zweck genutzt. Später wurde der fürstliche Besitz an diverse Bürger verkauft, was die Anlage von mehreren Gärten und die Eröffnung von Ausflugslokalen nach sich zog.

Im Jahr 1825 wurden Stollen in die Kalksteinfelsen getrieben, in denen die Kasseler Brauer fortan ihre Biere kühlen konnten. Gleichzeitig entstanden auf dem Weinberg einige bürgerliche Stadtvillen: Die berühmte Industriellenfamilie Henschel erwarb einen Teil des Areals und ließ hier eine pompöse klassizistische Villa mit Privatgarten errichten. Anfang des 20. Jahrhunderts baute Karl Henschel das im Vergleich zur Villa sogar noch deutlich größere „Haus Henschel" mit zahlreichen Nebengebäuden. In dieser Zeit entstand auch die Terrassierung des Geländes mit Treppen, Balustraden und schmiedeeisernen Geländern, die das Bild des Weinbergs noch heute stark prägen.

Aus Protest gegen die hohen Hauszinssteuern ließ Oskar Henschel das „Haus Henschel" 1931 abreißen, die prachtvolle Villa wurde zudem im Zweiten Weltkrieg zerstört. Von dem restlichen Anwesen und dem Garten blieben nur noch Ruinen übrig, die anschließend von der Stadt erworben wurden. Generell bedeuteten die Kriegshandlungen eine große Zäsur für den Weinberg. Die mehr als zwei Kilometer lange Stollenanlage innerhalb des Bergs wurde 1942 zu einem Luftschutzbunker umgebaut, in dem zeitweise bis zu 10.000 Personen auf engstem Raum lebten. Weil der Bunker nur für einen kurzfristigen Aufenthalt ausgelegt war, mussten die Menschen mit Handkurbeln für Belüftung sorgen. Die Räumlichkeiten boten Schutz vor den Bombenangriffen der Alliierten, doch die Enge in den Stollen sorgte dafür, dass viele Menschen an Infektionskrankheiten oder an Sauerstoffmangel starben. Einen guten Eindruck von der bedrückenden Situation im ehemaligen Bunker vermitteln die Führungen des Feuerwehrvereins, die an jedem ersten Montag eines Monats angeboten werden (s. S. 125).

029ka-el

Bis in die 1990er-Jahre diente die verzweigte Anlage noch als Zivilschutzeinrichtung der Stadt. An den Wänden sind nicht nur Schriften und Zeichen aus der Zeit des Luftschutzbunkers, sondern auch diverse Wegweiser für eine Techno-Party zu lesen. Im Oktober 1992 hatten zwei junge Männer eine illegale Feier in der denkmalgeschützten Anlage organisiert, die aus dem Ruder lief und von der Feuerwehr und der Polizei aufgelöst wurde. Während der documenta 13 ließ die damalige Leiterin Carolyn Christov-Bakargiev zwei Stollen als Ausstellungsort bespielen.

Der obere Teil des Weinbergs, der sogenannte Henschel-Garten, wurde nach den Zerstörungen im Zweiten Weltkrieg im Zuge der Bundesgartenschau 1955 in eine Parkanlage umgewandelt, die seitdem für die Öffentlichkeit zugänglich ist. Dagegen blieb der untere, terrassierte Bereich lange Zeit verschlossen. In den vergangenen Jahren ist aber auch hier eine grundlegende Sanierung erfolgt, um das Areal neu zu beleben. Nicht zuletzt im Zuge der documenta 13 konnten zahlreiche Sponsoren gefunden werden, die erheblich dazu beitrugen, dass das Areal wieder in neuer Pracht erstrahlt. Dank ihrer üppigen Bepflanzung mit vielfältigen Blumen, Stauden, Weinreben, zahlreichen Obstbäumen und der „Perle von Weissenstein", der ältesten deutschen Zuchtrose, die im 18. Jahrhundert in Kassel gezüchtet wurde, bieten die Weinbergterrassen vor allem im Sommer den Besuchern ein farbenfrohes Schauspiel. Geöffnet sind sie zwischen April und Oktober jeweils von 8 bis 19.30 Uhr.

⑲ Museum für Sepulkralkultur ★★★ [N3]

Auf den ersten Blick mag es etwas befremdlich erscheinen, ein Museum zu besuchen, das sich in erster Linie mit dem Tod auseinandersetzt. Schließlich werden Themen wie Sterben, Begräbnis und Trauer normalerweise eher verdrängt. Auf dem Gelände der ehemaligen Villa der Familie Henschel auf dem Weinberg gebaut, stellt das Museum für Sepulkralkultur eine in Deutschland einzigartige Einrichtung dar, die kein Erschrecken, sondern eher Erstaunen hervorruft.

Der Begriff Sepulkralkultur leitet sich vom lateinischen Begriff „sepulcrum" ab, der Grab oder Grabstätte bedeutet. Ruhestätten sind aber nur ein kleiner Teil der Exponate, die in dem 1992 als weltweit erstes Museum seiner Art ausgestellt werden. Vielmehr werden mannigfaltige **Zeugnisse der Bestattungs- und Friedhofskultur** im deutschsprachigen Raum vom Mittelalter bis heute gezeigt, um zu illustrieren, welchem Wandel diese in den vergangenen Jahrhunderten unterworfen war.

Schwerpunkt des Museums ist **die Dauerausstellung auf zwei Ebenen.** Das Untergeschoss widmet sich dabei den Komplexen Sterben, Tod, Trauer, Friedhof und Grabmal. Im zweiten Obergeschoss werden Bestattungsriten verschiedener Religionen und Kulturen vorgestellt. Das mittlere Areal des Museums wiederum bietet Platz für wechselnde Ausstellungen. Betritt der Besucher den Museumsbau, wird er gleich mit der **Endlichkeit des Seins** in all ihren Facetten konfrontiert. Im Untergeschoss erwarten ihn nicht nur kunstvoll bemalte Särge und Gedenktafeln, sondern auch frühere Totenbeklei-

dungen, Sterbekreuze, Leichenwagen und sogar Sterbeszenen, die auf Bildern festgehalten wurden. Die Inhalte, die der Besucher hier zu Gesicht bekommt, sind wahrlich keine leichte Kost. Nichtsdestotrotz überzeugt das Museum für Sepulkralkultur nicht nur durch die Eindrücklichkeit seiner Exponate, sondern auch mit den vielen Informationen, die in den Räumlichkeiten vermittelt werden.

Etwas kleiner, aber nicht weniger sehenswert ist der zweite Teil der Dauerausstellung im oberen Teil des Museums. Anhand von Särgen, Kleidung, Bildern und Filmen wird illustriert, wie unterschiedlich die Vorstellungen vom Tod und die Praxis der Beerdigung in verschiedenen Religionen und Kulturen ausfallen. Dabei stehen unter anderem Riten aus Ghana, Mexiko, dem Buddhismus, dem Judentum und dem Islam im Vordergrund.

Wer sich nach dem Besuch der Ausstellung noch weiter über Tod, Sterben, Gedenken und Bestattung informieren möchte, hat dazu in der **hauseigenen Bibliothek** die Möglichkeit, die mit zahlreichen Monografien, Sonderdrucken und Zeitschriftenartikeln ausgestattet ist.

> Weinbergstraße 25, Tel. 918930, www.sepulkralmuseum.de, Eintritt: Erw. 6 €, erm. 4 €, unter 6 Jahre frei, geöffnet: Di. u. Do.–So. 10–17 Uhr, Mi. 10–20 Uhr

⑳ Grimmwelt ★★★ [N3]

Schon vom Weitem sieht man, dass dieses Gebäude auf dem Weinberg etwas Besonderes sein muss: Aus Kalkstein erbaut, thront die Grimmwelt mit Freitreppe und begehbarem, 2000 Quadratmeter großem Dach seit der Eröffnung im September 2015 fast wie eine Akropolis über Kassel. Rund 20 Millionen hat der Bau dieser architektonischen Meisterleistung gekostet, für die das damit beauftragte Architekturbüro diverse Preise einheimsen konnte. Doch nicht nur das: 2015 kürte die britische Zeitung „The Guardian" die Grimmwelt zu einem der zehn besten neuen Museen der Welt.

Das Ausstellungshaus, das sich direkt neben dem Museum für Sepulkralkultur ⑲ befindet, widmet sich auf versetzten Ebenen in mehreren Themenspektren dem Leben und Wirken von **Jacob und Wilhelm**

⌃ *Im Museum für Sepulkralkultur ⑲ werden unterschiedliche Vorstellungen vom Tod illustriert*

⌄ *Speisen und Rezepte aus der Zeit der Brüder Grimm in der Grimmwelt*

Grimm. Die Brüder sind zwar vor allem aufgrund ihrer Märchensammlung berühmt geworden, doch wie die Grimmwelt zeigt, dürfen auch ihre bahnbrechenden Errungenschaften in den Bereichen der Sprach- und Kulturforschung oder der Literatur- und Rechtswissenschaften nicht außer Acht gelassen werden, da sie die Nachwelt bis heute prägen. Entsprechend liegt der Schwerpunkt des Ausstellungshauses nicht primär auf den Märchen, sondern auch auf den **sprachwissenschaftlichen Studien** der Brüder Grimm.

Das Museum gliedert sich in die Dauer- und die Sonderausstellung. Die **Dauerausstellung** behandelt die Sprachforschung, Märchen und Biografie der Brüder. Wahrlich innovativ ist dabei der Ansatz, dass der Rundgang in 25 Stationen unterteilt ist, die sich an den Buchstaben des Alphabets und entsprechenden Stichworten orientieren, die sich auch im „**Deutschen Wörterbuch**" von Wil-

helm und Jacob Grimm finden, an dem sie ab 1838 arbeiteten. Sie wollten damit ein Werk schaffen, das der deutschen Sprache bis ins 16. Jahrhundert folgt und die Herkunft und den Gebrauch der deutschen Wörter beschreibt. Es handelt sich um die umfangreichste lexikografische Darstellung der deutschen Sprache, obwohl die Brüder die Sammlung während ihres Lebens nicht mehr fertigstellen konnten. Das Stichwort „Froteufel" war der letzte Eintrag, den Jacob Grimm vor seinem Tod 1863 ablieferte. Es sollte letztlich bis 1961 dauern, ehe das Werk mit dem Buchstaben Z abgeschlossen werden konnte.

Das Ausstellungshaus überzeugt auch durch seine Multimedialität und seine Anschaulichkeit. Ein liebevoll gestaltetes Diorama des Künstlers Alexej Tchernyi stellt die mehr als 100 Jahre andauernde Entstehungsgeschichte des „Deutschen Wörterbuchs" in 14 Szenen dar, zudem

hat der Besucher die Möglichkeit, in einem Spiel Wörter aus den einzelnen Büchern miteinander zu verbinden. Folgt man einer Treppe nach unten, gelangt man in den Bereich, in dem die **Märchen** im Vordergrund stehen. Dabei stößt der Besucher zuvor im Foyer auf fünf farbig angemalte Baumteile auf dem Boden. Dabei handelt es sich um eine Arbeit des chinesischen Künstlers **Ai Weiwei** mit Titel „Coloured Roots 2009–2015", für die er südchinesische Holzwurzeln mit Autolack bearbeitet hat. Das Werk passt thematisch ideal zu den Grimms, da sie ihre Arbeit als „**Wurzelforschungen**" bezeichneten. Gleichzeitig leitet es über zu dem Ausstellungsteil über die Grimmschen Märchen, in dem auch ein Märchenwald aufgebaut ist. In einer Videoinstallation wird „Rumpelstilzchen" in mehr als 20 Sprachen und Dialekten vorgelesen. Zugleich kann man auf dieser Ebene direkt in die Märchen eintauchen: im Lebkuchenhaus der Hexe oder im Haus von Rotkäppchens Großmutter erwarten den Besucher einige Überraschungen.

Flankiert werden die Angebote von einer großen Anzahl an Exponaten aus der Zeit der Grimms. Als besonders wertvoll gelten dabei ihre persönlichen Exemplare der Kinder- und Hausmärchen, die sogenannten „Handexemplare" mit Anmerkungen und Notizen der Brüder. Diese wurden 2005 in die UNESCO-Liste „Memory of the World" aufgenommen. Daneben werden aber auch **Originalbriefe** der Sprachwissenschaftler und Volkskundler und weitere persönliche Gegenstände ausgestellt.

❯ Weinbergstraße 21, Tel. 5986190, www.grimmwelt.de, Eintritt: Erw. 8 €, erm. 6 €, geöffnet: Di.–Do. u. Sa., So. 10–18 Uhr, Fr. 10–20 Uhr

㉑ Neue Galerie ★★ [03]

Oberhalb der Karlsaue und nur wenige Gehminuten von der Grimmwelt entfernt, befindet sich an der Schönen Aussicht ein im klassizistischen Stil erbautes Museumsgebäude, in dem in sehr offen gestalteten Räumen beeindruckende Malereien und Skulpturen aus der Zeit vom 19. Jahrhundert bis heute gezeigt werden.

Der ursprüngliche Bau wurde in den Jahren 1871 bis 1877 nach den Plänen des Architekten **Heinrich von Dehn-Rotfelser** errichtet, wobei ihm die Alte Pinakothek in München als Vorbild für die Grundrissgestaltung diente. Bis zum Zweiten Weltkrieg beherbergte die Gemäldegalerie die Sammlung des Landgrafen Wilhelm VIII., die unter anderem aus Werken niederländischer Alter Meister wie Rembrandt bestand. Während der Kriegshandlungen erlitt das Gebäude schwere Schäden, die Gemäldegalerie Alte Meister und die Bestände des 18. Jahrhunderts wurden wenige Jahre später ins Schloss Wilhelmshöhe ㉑ ausgelagert. Die Neue Galerie wurde derweil wiederaufgebaut und im September 1976 mit neuem Konzept und unter ihrem heutigen Namen eröffnet.

Zwischen 2006 und 2011 nochmals erheblich saniert und modernisiert, präsentiert sich die Neue Galerie heute als helles und aufgeräumtes Ausstellungshaus, das die **städtischen und staatlichen Kunstsammlungen** beherbergt. Das Angebot umfasst sowohl Wechselausstellungen als auch permanente Ausstellungen (im Erdgeschoss und der ersten Etage). Der untere Bereich widmet sich dabei der Kunst des 19. und 20. Jahrhunderts. Zu den Höhepunkten des Rundgangs zählen hierbei die Werke

von Martin von Rohden, des Spätromantikers Johann Wilhelm Schirmer und des Kasseler Künstlers August Bromeis, aber auch das Kunstwerk „Maria mit dem schlafenden Jesusknaben und Heiligen" von **Ludwig Emil Grimm**, dem jüngsten Bruder von Jacob und Wilhelm Grimm.

Wirklich sehenswert sind auch zwei **Rauminstallationen**, die im Erdgeschoss eine zentrale Rolle einnehmen. Das Projekt „**Kasseler Raum – Ferne Zwecke**" der documenta-Künstlerin Ulrike Grossarth besteht aus Wandtafeln, großen Tischen mit plastischen Elementen und einer Projektion. Ein alter VW-Bus, an dem 24 Schlitten hängen, bildet die zweite Installation. Es handelt sich hierbei um das berühmte Kunstwerk „**The Pack**" („Das Rudel") **von Joseph Beuys** aus dem Jahr 1969. Anlässlich der Eröffnung des Hauses im Jahr 1976 hatte Beuys den Raum im Erdgeschoss persönlich eingerichtet, der neben „The Pack" auch noch vier Vitrinen, 29 Zeichnungen und sieben plastische Bilder enthält.

Diverse Werke der Neoimpressionisten **Paul Baum** und **Curt Herrmann** erwarten die Besucher zu Beginn der oberen Etage, die sich der Kunst des 20. Jahrhunderts und der Kunst der Gegenwart widmet. Beeindruckende Exponate von bekannten **impressionistischen Künstlern** wie Max Liebermann, Lovis Corinth und Gerhard Richter ergänzen das Angebot in diesem Bereich. Hingucker sind auch die zahlreichen Anschaffungen aus den **documenta-Ausstellungen**, wozu unter anderem die Installation „What Dust Will Rise?" von Michael Rakowitz, die begehbare Spirale „Isola" von Mario Merz und das Gemälde „vater kind kind" der Schweizer Künstlerin Miriam Cahn zählen.

❯ Schöne Aussicht 1, Tel. 31680123, Eintritt: Erw. 6 €, erm. 4 €, unter 18 Jahren frei, geöffnet: Di.–Do. u. Sa./So. 10–17 Uhr, Fr. 10–20 Uhr

⌂ *In der Neuen Galerie ist Kunst vom 19. bis zum 21. Jahrhundert zu bestaunen*

Außerhalb des Stadtzentrums

㉒ Brüder-Grimm-Platz ★★ [N3]

An der Schnittstelle zwischen Wilhelmshöher Allee und Oberer Königsstraße erheben sich zwei Torwachen, die eigentlich Teil einer prachtvollen Anlage werden sollten. In dem nördlichen der beiden Gebäude wohnten früher die Brüder Grimm, nach denen auch der sich hier befindende Platz benannt wurde. Ein Denkmal soll an das Wirken der beiden Sprachwissenschaftler in Kassel erinnern.

An einem **Sockel** vor dem Hessischen Landesmuseum ㉓, der über drei Stufen bestiegen werden kann, steht in Großbuchstaben und goldener Schrift das Wörtchen „ICH". Dieses originelle Denkmal, das im Juli 2007 ursprünglich als Außenkunstwerk der „Caricatura V" eingeweiht wurde, fertigte der Kasseler Bildhauer Siegfried Böttcher nach den Plänen des Satirikers **Hans Traxler** an. „Jeder Mensch ist einzigartig": Dieses Motto Traxlers, der zuvor ein „ICH"-Denkmal in Frankfurt am Main konzipiert hatte, soll in dem Kunstwerk einen unmittelbaren Ausdruck finden, denn die Menschen sind dazu aufgerufen, sich direkt vor der Kulisse des Hessischen Landesmuseums auf den Sockel zu stellen, um sich dort als etwas Besonderes zu fühlen. Nicht selten sieht man, wie Menschen an dieser Stelle nach Lust und Laune posieren und sich fotografieren lassen.

Auf der gegenüberliegenden Straßenseite befindet sich auf der Rasenfläche ein weiteres berühmtes Denkmal. Die 1985 von der Bildhauerin **Erika Maria Wiegand** geschaffene **Bronzeskulptur** zeigt Jacob und Wilhelm Grimm. Den Namen Brüder-Grimm-Platz trägt das Areal zudem nicht ohne Grund. Die beiden Sprachwissenschaftler und Volkskundler bewohnten mit ihrer Schwester Charlotte zwischen 1814 und 1822 das **nördliche Torhaus**, das sich neben dem Denkmal befindet. Das Gebäude und das ihm gegenüberstehende südliche Torhaus gehören zu einer unvollendeten Toranlage, die der Architekt Heinrich Christoph Jussow im Jahr 1805 konzipierte. Kurfürst Wilhelm I. hatte dem Hofbaumeister den Auftrag erteilt, eine sechseckige, geschlossene Randbebauung zu realisieren. Von den beiden Torhäusern eingerahmt, sollte in der Mitte als verbindendes Element zwischen Wilhelmshöhe und der Innenstadt das „**Wilhelmshöher Tor**" entstehen. Doch infolge des Einmarschs der Franzosen und der damit verbunde-

033ka-cl

◁ *Das nördliche Torhaus: In diesem Gebäude wohnten die Brüder Grimm*

Die Brüder Grimm

Rund 30 Jahre ihres Lebens verbrachten Jacob und Wilhelm Grimm in Kassel- eine Periode, die sie tief prägte. Immerhin bezeichneten sie die Zeit später als „die arbeitsamste und vielleicht fruchtbarste" ihres Lebens. Die beiden Brüder wurden 1785 bzw. 1786 im hessischen Hanau geboren. 1791 zog die Familie nach Steinau, doch nach dem Tod des Vaters Philipp Wilhelm Grimm im Jahr 1796 gingen Jacob und Wilhelm 1798 für ihre Ausbildung nach Kassel, wo sie das städtische Lyceum Fridericianum besuchten. Eine Tante kümmerte sich um sie und sie kamen bei einem herrschaftlichen Mundkoch in einem Haus in der heutigen Elisabethstraße unter. Die Mutter und die übrigen vier Geschwister blieben in Steinau.

Nach dem Jurastudium in Marburg kehrten die Brüder 1806 nach Kassel zurück, wo sie mit ihrer Mutter und weiteren Geschwistern in der Wildemannsgasse lebten. Damals begannen sie mit der Sammlung von Volksliedern, Sagen und Märchen - die Grundlage für ihre weltberühmten „Kinder- und Hausmärchen", deren erste Auflage 1812 veröffentlicht wurde.

Nach dem Tod der Mutter im Jahr 1808 arbeiteten Jacob und Wilhelm als Bibliothekare und Forscher in der Landesbibliothek. 1814 zogen sie aus dem Haus in der Wildemannsgasse aus und nahmen sich mit ihrer Schwester Charlotte eine Wohnung im nördlichen Torhaus am Beginn der Wilhelmshöher Allee. Bis 1822 lebten sie im zweiten Stock des Torhauses. In diese Zeit fiel auch die Arbeit Jacob Grimms an der bahnbrechenden „Deutschen Grammatik", deren erster Band 1819 nach vierzehnmonatiger Druckzeit erschien.

Im weiteren Verlauf ihrer Zeit in Kassel wechselten die Brüder noch einige Male ihre Wohnstätte. Zwischen 1822 und 1824 residierten sie in einem Eckhaus in der Fünffensterstraße, anschließend in Häusern Bellevue 9 (1824-1826) und Bellevue 7 (1826-1829). Während Wilhelm Grimm 1825 Dorothea Wild heiratete und mit ihr drei Kinder bekam, blieb sein Bruder unverheiratet und kinderlos.

Zwischen 1829 und 1837 lebten die Grimms in Göttingen und arbeiteten dort als Bibliothekare und Professoren. Da sie mit fünf weiteren Professoren gegen die Politik des Königs von Hannover protestierten, wurden sie aber aus dem Staatsdienst entlassen und kehrten nach Kassel zurück, in das Haus, das sie dort zuletzt bewohnt hatten und das ihrem Bruder Emil gehörte (Bellevue 7). Bereits im März 1841 verließen sie Kassel jedoch endgültig, denn der neue preußische König Friedrich Wilhelm IV. holte sie an die Akademie der Wissenschaften nach Berlin. Dort arbeiteten sie vor allem an ihrem Deutschen Wörterbuch weiter, von dem 1854 der erste Band erschien. Die Veröffentlichung des zweiten (1860) und dritten (1862) Bandes erlebte Wilhelm nicht mehr, da er 1859 im Alter von 73 verstarb. Vier Jahre nach dem Tod des Bruders starb auch Jacob Grimm schließlich an den Folgen eines Schlaganfalls. Begraben wurden die Brüder auf dem Alten St.-Matthäus-Kirchhof in Berlin.

nen Errichtung des Königreichs Westphalen wurden die Arbeiten zunächst auf Eis gelegt und später auch nicht mehr aufgenommen.

Während das nördliche mittlerweile zum hessischen Verwaltungsgerichtshof gehört, werden im **südlichen Torhaus** in vier Geschossen Exponate aus den Kunstepochen Historismus, Jugendstil, Bauhaus und Art Déco, aus den 1950er-Jahren und der Postmoderne gezeigt. Die hier ausgestellten Exponate gehören der Sammlung Kunsthandwerk und Plastik des Hessischen Landesmuseums an. Allerdings ist das Gebäude bis auf Weiteres geschlossen (weitere Infos unter www.museum-kassel.de).

In der Mitte des Brüder-Grimm-Platzes, der im Dritten Reich noch den Namen Adolf-Hitler-Platz trug, stand zwischen 1898 und dem Ende des Zweiten Weltkriegs ein **Obelisk**, der an die Reichsgründung von 1871 erinnern sollte. Danach wurde das vom Bildhauer Karl Begas geschaffene Werk hinter der Murhardschen Bibliothek (s. unten) im Fürstengarten platziert, damit die Straßenbahn nicht mehr um ihn herumfahren musste.

In den kommenden Jahren soll der Brüder-Grimm-Platz für mehrere Millionen Euro neugestaltet werden. Dabei soll hier auch ein spektakulärer Neubau entstehen. Das 1923 gegründete **Deutsche Tapetenmuseum** wird hier eine neue Heimat finden, nachdem es von 1976 bis 2008 sein Domizil im Hessischen Landesmuseum hatte.

Die älteste erhaltene Heldendichtung in deutscher Sprache

In Kassel ist das im Stil der Neorenaissance errichtete Gebäude neben dem Fürstengarten und dem Hessischen Landesmuseum **23** eigentlich nur unter dem Namen „Die Murhardsche" bekannt: Mitte des 19. Jahrhunderts hatten die Brüder **Friedrich und Karl Murhard,** die zu einer der ältesten hessischen Beamtenfamilien zählten, der Stadt Kassel ihr gesamtes Vermögen zur Stiftung einer wissenschaftlichen Bürgerbibliothek hinterlassen. Im Jahr 1905 wurde die Bibliothek am heutigen Standort eröffnet. Mittlerweile beherbergt sie als Teil der Universitätsbibliothek auch die im 16. Jahrhundert von Landgraf Wilhelm IV. gegründete **Landesbibliothek,** nachdem deren vorheriger Sitz – das Fridericianum – im Zweiten Weltkrieg schwer beschädigt worden war.

Im Gebäude lagern 450.000 Bücher, darunter befinden sich zahlreiche historische Schätze. Zu den wertvollsten Beständen zählt zweifelsohne das **Hildebrandslied** aus dem 9. Jahrhundert, die älteste erhaltene Überlieferung germanischer Heldendichtung in deutscher Sprache. Sie wurde von den Hessen im Dreißigjährigen Krieg genauso wie weitere bedeutende Schriften aus der Fuldaer Klosterbibliothek geplündert. Auch der **Willehalm-Kodex** von **Wolfram von Eschenbach** aus dem Jahr 1334 und die mehr als 500 Jahre alte **Immenhäuser Gutenberg-Bibel** gehören zu den besonderen Prachtstücken. Die kostbare Handschriftenabteilung der Bibliothek setzt sich aus 450 mittelalterlichen und 10.000 neuzeitlichen Exemplaren zusammen.

Seit 2017 wird das denkmalgeschützte Gebäude mit einem finanziellen Aufwand von knapp 15 Millionen Euro umfassend saniert und erweitert. Voraussichtlich sind die Arbeiten im Jahr 2021 abgeschlossen.

B 12 [N3] **Landesbibliothek und Murhardsche Bibliothek,** Brüder-Grimm-Platz 4A, Tel. 8047318, geöffnet: Mo.–Fr. 9–18 Uhr, Sa. 9–13 Uhr

㉓ Hessisches Landesmuseum ⭐ [N3]

Das Hessische Landesmuseum ist aufgrund seines charakteristischen Turms in der Mitte des Gebäudes schon von einiger Entfernung zu sehen. In dem zur Tausendjahrfeier der Stadt Kassel im Jahr 1913 eingeweihten Bauwerk können die Besucher einen detaillierten Einblick in 300.000 Jahre hessische Landes- und Kulturgeschichte gewinnen.

Das markante Gebäude, das Elemente des Jugendstils mit Bauformen der Neorenaissance kombiniert, wurde von Theodor Fischer konzipiert. Im Gegensatz zur fast völlig zerstörten Kasseler Innenstadt überstand das Gebäude den Zweiten Weltkrieg nahezu unbeschadet. Zwischen 2008 und 2016 wurde es für rund 30 Millionen Euro umfangreich saniert. Vom Turm aus kann man einen herrlichen Ausblick auf den Bergpark und die Innenstadt genießen.

Auf insgesamt drei Etagen erstreckt sich die Dauerausstellung, die anhand von 6000 Objekten die Zeit **von der Altsteinzeit bis zur Gegenwart** abdeckt. Dabei sind die Sammlungen der Vor- und Frühgeschichte, der Angewandten Kunst und der Volkskunde zu sehen. Eine weitere Etage ist für Sonderausstellungen reserviert. Den Auftakt des Rundgangs bilden archäologische Funde aus rund 300.000 Jahren. Neben Werkzeugen, Tontöpfen, Schädelrepliken und Stoffen sind hier auch Grabbeigaben zu bestaunen. Anhand der Ausstellungsstücke wird die Entwicklung der Menschen in Nord- und Osthessen von der Steinbis zur Bronzezeit und der Epoche der Römer illustriert, wobei die erste Etage mit der Christianisierung Hessens im 8. Jahrhundert endet.

Die zweite Etage ist mit dem Titel „Aus der Schatzkammer der Geschichte" umschrieben und umfasst den Zeitraum vom Mittelalter bis ins 19. Jahrhundert. Ein Großteil der hier ausgestellten Exponate geht auf die **fürstlichen Sammlungen der hessischen Landgrafen** zurück, die in der Region von der Mitte des 13. Jahrhunderts bis zum 19. Jahrhundert herrschten. Barocke Bilder, edles Porzellan, eine bedeutende Bernstein- und Porzellansammlung und die persönliche Bibel von Landgraf Philipp dem Großmütigen geben einen Überblick über das Leben der Landgrafen, aber auch über das der Bevölkerung in der jeweiligen Zeit. Die Dauerausstellung schließt mit der Zeit vom 19. bis zum 21. Jahrhundert, ein Abschnitt, der durch rasante und massive gesellschaftliche Veränderungen geprägt war. Durch die Sammlung Volkskunde wird in diesem Bereich vor allem der Alltag der Menschen in den Blick genommen.

› Brüder-Grimm-Platz 5, Tel. 31680300, Eintritt: Erw. 6 €, erm. 4 €, Kinder frei, geöffnet: Di., Mi. u. Fr.–So. 10–17 Uhr, Do. 10–20 Uhr

㉔ Vorderer Westen ⭐⭐⭐ [J2]

Restaurants, Bars, Boutiquen, Parks, prächtige Jugendstilbauten: Wohl kaum ein anderer Stadtteil in Kassel hat so viel zu bieten wie der Vordere Westen. Das Herz des Quartiers bildet dabei die Friedrich-Ebert-Straße, die auf einer Länge von knapp zweieinhalb Kilometern recht geradlinig nach Westen führt.

Der Vordere Westen ist einer der vielfältigsten und beliebtesten Gebiete Kassels und befindet sich nördlich der zentralen Achse der Wilhelmshöher Allee zwischen den Stadtteilen

034ka-cl

Mitte und Bad Wilhelmshöhe. Vom Brüder-Grimm-Platz 🉂 aus kann man die langgezogene Friedrich-Ebert-Straße am besten erreichen, indem man rechts auf die Ulmenstraße abbiegt und dieser dann rund 300 Meter folgt.

Von vielen Einwohnern als der schönste Kiez der Stadt bezeichnet, punktet der Vordere Westen in erster Linie mit seinem **jugendlichen, alternativen Charme**, aber auch mit seinen zahlreichen Einkaufs- und Freizeitmöglichkeiten. Mit dem imposanten **Kongress Palais** (s. S. 90), in dem neben Tagungen und Messen auch regelmäßig Konzerte zu bestaunen sind, den Ateliers, dem Theater **Komödie** (s. S. 90) und den außergewöhnlichen Kinos **Filmladen** und **Gloria** (s. S. 91) hat das Viertel aber auch für Kulturbegeisterte reichlich zu bieten.

Die **Friedrich-Ebert-Straße**, die in den vergangenen Jahren mit einem Millionenaufwand saniert wurde, ist als Einkaufsmeile populär. Hier sind nicht die großen Ketten angesiedelt, sondern viele kleine, **inhabergeführten Geschäfte**, deren Angebot von Schmuck über Möbel, Porzellan, Kleidung, Fleischwaren und Pralinen bis zu exquisiten Weinen reicht und somit kaum einen Wunsch offenlässt. Viele gut besuchte **Restaurants, angesagte Cafés** und **hippe Kneipen** unterstreichen den belebten Charakter der Straße.

Der Vordere Westen zählt flächenmäßig zu den kleineren Stadtteilen Kassels, ist aber der bevölkerungsreichste. Der Kasseler Industrielle **Sigmund Aschrott**, nach dem auch der Brunnen vor dem Rathaus ❶ benannt ist, gründete den Stadtteil, indem er das damalige Hohenzollernviertel auf eigenes Risiko erschloss und dort zahlreiche Grundstücke kaufte. Da das Quartier nach Willen Aschrotts frei von Industriebetrieben sein sollte, die Lärm und Qualm verursachen, entwickelte es sich rasch zu einem der **beliebtesten Wohngebiete der Stadt**. Hier pulsiert das Leben noch heute, aber es gibt auch zahlreiche Rückzugsmöglichkeiten. So laden die verschiedenen **Grünflächen** wie die Goetheanlage, der Aschrottpark und das Tannenwäldchen zum Entspannen, Spazieren, Picknicken und Joggen ein.

Da der Stadtteil vom Bombardement im Zweiten Weltkrieg größtenteils verschont geblieben ist, sind in ganzen Straßenzügen weiterhin prachtvolle **Jugendstil- und Gründerzeit-Wohnhäuser** zu sehen. Es ist empfehlenswert, sich etwas Zeit zu nehmen und durch die begrünten Straßen zu schlendern, um diese architektonischen Schmuckstücke zu betrachten.

❯ www.vorderer-westen.net

⌃ *Die im Jahr 1901 geweihte Kirche St. Maria am Bebelplatz [J1/2] zählt zu den Hinguckern im Vorderen Westen*

Samuel Beckett in Kassel

Kassel spielte für den irischen Autor Samuel Beckett (1906–1989) eine bedeutende Rolle. Der spätere Literaturnobelpreisträger besuchte in den Jahren 1928 bis 1932 gleich mehrfach die in der heutigen Bodelschwinghstraße lebende, mit ihm verwandte Familie Sinclair, da er eine Liebesbeziehung zu seiner Cousine Peggy unterhielt. Zudem war er begeistert von der Lebensweise seines Onkels, William Sinclair, der in ihm das Interesse für moderne Malerei weckte. Es ist überliefert, dass der Autor in Kassel mit William durch die Kneipen der Stadt zog, den Bergpark Wilhelmshöhe und das Bootfahren auf der Fulda liebte, gern den Wochenmarkt auf dem Königsplatz besuchte und mit diversen Künstlern in Kontakt kam.

Seine Erfahrungen in Kassel verewigte der Schriftsteller in seinem 1932 verfassten Roman „Traum von mehr oder minder schönen Frauen", der allerdings auf eigenen Wunsch erst posthum erschien. Trotz des Scheiterns der Beziehung zu Peggy im Jahr 1930 reiste der Autor weiterhin nach Kassel. Erst der Tod Peggys an Tuberkulose und die Rückkehr der Sinclairs nach Dublin aufgrund der Machtübernahme der Nazis sollten dazu führen, dass Beckett der Stadt den Rücken kehrte. Mit dem Kasseler Arzt Dr. Gottfried Büttner unterhielt er allerdings bis zu seinem Tod eine enge Brieffreundschaft.

Beckett, Autor des berühmten Theaterstücks „Warten auf Godot", zählt zu den prominentesten Gästen der Stadt und noch heute ist seine Verbindung zu Kassel vor allem im Vorderen Westen präsent. Vor dem einstigen Wohnhaus der Sinclairs in der Bodelschwinghstraße 5 ist eine Gedenkplatte in den Gehweg eingelassen, darüber hinaus erinnern Porträts und Zitate an Hauswänden an den Nobelpreisträger (unter anderem ebenfalls an dem Haus in der Bodelschwinghstraße). Ein ehemaliges Kasernengelände im Vorderen Westen, das zu einem Wohn- und Dienstleistungszentrum umgebaut wurde, trägt zudem zu Ehren des Schriftstellers den Namen „Samuel-Beckett-Anlage".

035ka-cl

Bergpark Wilhelmshöhe

Der 23. Juni 2013 war ein besonderes Datum für Kassel und die gesamte Region: An diesem Tag wurde der Bergpark Wilhelmshöhe im Westen der Stadt in die Liste des **UNESCO-Weltkulturerbes** aufgenommen. Diese Entscheidung hat nicht nur dazu geführt, dass massiv Gelder in die Sanierung der Bauwerke in Europas größtem Bergpark geflossen sind, sondern auch das Ansehen der Stadt hat davon profitiert, was sich unter anderem in wachsenden Touristenzahlen niederschlägt.

Auf einer Fläche von 560 Hektar erstreckt sich das herausragende Beispiel europäischer Gartenkunst, das ganzjährig frei und kostenlos zugänglich ist. 2019 kürte der US-Sender CNN den Bergpark sogar zu einem der fünf attraktivsten touristischen Ziele in Deutschland – noch vor solch prominenten Destinationen wie Neuschwanstein und Sylt.

Die Idee für die Parkanlage geht auf **Landgraf Karl** zurück, der sich von den Gärten in Italien inspirieren ließ und am Beginn des 18. Jahrhunderts den Architekten **Giovanni Francesco Guerniero** für das Projekt engagierte. In dieser Zeit wurden die kupferne Herkulesstatue mitsamt Pyramide und Oktogon sowie die ihnen in Richtung Osten vorgelagerten Kas-

EXTRATIPPS

Tagesticket Wilhelmshöhe

Mehrere Sehenswürdigkeiten im Bergpark besuchen und dafür nur einmal bezahlen? Das ist mit dem Tagesticket Wilhelmshöhe möglich. Damit kann man das Schloss Wilhelmshöhe, dessen Weißensteinflügel, die Löwenburg und je nach Saison den Herkules (April bis Oktober) oder das Gewächshaus (November bis März) besichtigen. Das Ticket kostet 6 € für Erwachsene bzw. ermäßigt 4 €. Kinder und Jugendliche bis 18 Jahre müssen nichts zahlen. Es ist unter anderem an den Kassen im Schloss Wilhelmshöhe **27** und im Gewächshaus **32** erhältlich.

Parken am Bergpark

Den Bergpark Wilhelmshöhe kann man nicht nur mit den **öffentlichen Verkehrsmitteln,** sondern auch mit **Auto, Motorrad** oder **Wohnmobil** gut erreichen. Sowohl in der Nähe des Besucherzentrums unterhalb von Schloss Wilhelmshöhe **27** als auch hinter dem Herkules **35** gibt es **Parkmöglichkeiten**. Die Parkplätze sind in der Regel kostenlos. Ausnahme: An den Wasserspieltagen wird zwischen 9.30 bis 15 Uhr eine Parkgebühr erhoben, die sich beispielsweise für ein Auto auf 7 € beläuft. Zu den Beleuchteten Wasserspielen ist das Parken zwischen 15 und 23 Uhr ebenfalls kostenpflichtig.

❶13 [E2] **Besucherzentrum Wilhelmshöhe,** Wilhelmshöher Allee 380, Tel. 31680751, www.museum-kassel.de, geöffnet: April–Okt. Di.–So. 10–17, Nov.–März Fr.–So. 10–16 Uhr

Die Bergpark App

Die stets aktuell gehaltene Bergpark App bietet reichlich Informationen zu den verschiedenen Attraktionen in Europas größtem Bergpark. Dabei liefert sie nicht nur Wissenswertes zu Öffnungszeiten, Preisen und den geschichtlichen Hintergründen, sondern auch eine Karte mit allen wichtigen Punkten und detaillierte Informationen zur An- und Abreise inklusive Abfahrtszeiten von Bussen und Bahnen (kostenlos für Android und iOS).

kaden geschaffen. Die ursprünglich barocke Form der Anlage wurde unter **Friedrich II.** nach englischem Vorbild zu einem **romantischen Landschaftsgarten** umgestaltet. In die Regierungszeit von **Landgraf Wilhelm IX.** fiel anschließend der Bau des klassizistischen **Schlosses Wilhelmshöhe** ㉗ und der als mittelalterliche Ruine konzipierten **Löwenburg** ㉝.

Der Charme des Bergparks liegt auch in seiner Vielfalt. Natur, Technik und Kunst bilden eine Einheit, wie sich unter anderem an den beeindruckenden **Wasserspielen** ㉞ aufzeigen lässt. Dem Besucher eröffnen sich zahlreiche Möglichkeiten, seine Zeit zu verbringen. Ob man einfach durch den Park schlendert, sich im Schloss Wilhelmshöhe die Gemälde von Rembrandt oder Rubens anschaut oder sich auf die Spur der im Park verteilten Kleinarchitekturen begibt: Langeweile dürfte wohl kaum aufkommen.

㉕ Villenviertel Mulang und Pagode ★★ [D2]

Etwas versteckt im südöstlichen Teil des Bergparks steht ein kleiner Pavillon mit acht roten Säulen, geschwungenen Zierdächern, einer markanten, goldglänzenden Dachlaterne und zwei Drachen an den Eingangstüren. Dieses als „Pagode" bezeichnete Gebäude war Teil des chinesischen Dorfes Mou-lang, das **Landgraf Friedrich II.** am Ende des 18. Jahrhunderts von Simon Louis Du Ry errichten ließ, um den Bergpark durch eine **exotische Inszenierung** zu ergänzen.

Entlang der heutigen Mulangstraße, die am Bergpark links von der Wilhelmshöher Allee abgeht, entstanden auf beiden Seiten zahlreiche **chinesisch anmutende Bauten**, die wie das Küchenhäuschen, der Kuhstall,

das Milchhäuschen, die Pagode oder diverse Wohn- und Hirtenhäuser immer noch gut erhalten sind. Doch warum ausgerechnet China? Zum einen wollte Friedrich II. mit dem Dorf seine Weltoffenheit demonstrieren, darüber hinaus zeigte er sich beeindruckt von der Effizienz der chinesischen Landwirtschaft, die er als besonders fortschrittlich und als Basis eines funktionierenden Staatswesens betrachtete. Landgraf Wilhelm IX. ließ das Dorf, in dem auch Landwirtschaft betrieben worden sein soll, 1791 im klassizistischen Stil erneuern, indem er die früheren Holzhäuser durch Steinbauten ersetzte. Geschwungene Giebel und Dachlaternen sollten für ein asiatisch anmutendes Ambiente sorgen. Wieso der Name Mou-lang für das Dorf gewählt wurde, ist unklar. Laut einer weit verbreiteten Theorie leitet sich der Begriff vom französischen Wort für „**Mühle**"*(moulin)* ab, da sich eine solche ebenfalls dort befand.

Direkt im Süden an das Dorf angrenzend, befinden sich zahlreiche architektonische Schönheiten. Ab 1880 entstand hier eine **Villenkolonie**, die in Anlehnung an das chinesische Dorf den Namen **Mulang** trägt. Zahlreiche Gebäude in dem Viertel, das als Kassels älteste Gartenstadt gilt, sind nach wie vor sehr gut erhalten, so unter anderem die 1890 errichtete neoklassizistische Villa des Unternehmers Gustav Henkel in der Kurhausstraße.

Sieht man sich die verbliebenen Villen genauer an, fällt auf, dass sie durch eine Vielzahl **verschiedener Baustile** geprägt sind. Diese Heterogenität liegt darin begründet, dass die Kolonie in verschiedenen zeitlichen Abschnitten auf- und ausgebaut wurde. Wurden die Gebäude in der Anfangsphase Mulangs von 1882 bis 1895 vor allem im gründerzeitlichen Cottage-Stil errichtet, bewegte sich der Stil anschließend in den Jahren bis zum Ersten Weltkrieg eher in Richtung Neoklassizismus und Barock. Ab 1925 entstanden modernere Villen, die dann in erster Linie vom Bauhaus-Gedanken beeinflusst wurden. Diese Melange aus verschiedenen architektonischen Stilen und die vielen prächtigen Anwesen machen den besonderen Charme des Viertels aus, das auch aufgrund seiner idyllischen Lage ein zunehmend beliebtes Wohngebiet darstellt.

26 Lac und die Roseninsel ★★ [D2]

Ein **Mekka für Rosenfreunde** erreicht man auf dem Weg von der Pagode **25** zum Schloss rund um den romantischen Schlossteich, der in Kassel unter dem Namen **Lac** bekannt ist. Dieser kleine malerisch anmutende See, der an den tiefsten Stellen sechs Meter tief ist, wurde zwischen 1785 und 1791 von Heinrich Christoph Jussow konzipiert und teilt sich in den kleinen und den großen Lac. Er ist aus einem kleinen Fischteich entstanden und war lange Zeit im Winter einer der beliebtesten Eislaufflächen Kassels. Zwar trauen sich auch noch weiterhin in der kalten Jahreszeit einige Eisläufer auf den zugefrorenen See, dennoch wird seit einigen Jahren aufgrund einer unzureichend dicken Eisschicht von offizieller Seite davon abgeraten.

Einen wunderbaren Anblick bietet der Lac vor allem ab dem Frühsommer, wenn an den Ufern und auf der **Roseninsel** rund **1000 verschiedene Strauch-, Wild- und Kletterrosen** blühen. Diese opulente Sammlung

ist derart beeindruckend, dass sie 2015 mit dem „**Award of Garden Excellence**" ausgezeichnet wurde. Man kann hier auch die älteste Zuchtrose Deutschlands bewundern, die sogenannte „**Perle von Weißenstein**", die zum ersten Mal um 1775 von Daniel August Schwarzkopf, dem Hofgärtner von Landgraf Friedrich II., angepflanzt wurde.

Nur wenige Jahre zuvor wurde erstmals ein Rosengarten im Bergpark angelegt. Damit einhergehend wandelte man den damaligen Park Weißenstein zunehmend in einen reinen Landschaftsgarten um. Aus dem Trümmerschutt des abgebrochenen Jagdschlosses Weißenstein, an dessen Stelle Landgraf Wilhelm IX. das Schloss Wilhelmshöhe **27** errichten ließ, wurde 1789 auf dem Lac die Roseninsel aufgeschüttet, wo man Rosen in langen Reihen anpflanzte. Die umfangreichen Anpflanzungen durchlebten im Laufe der Zeit eine wechselhafte Geschichte und gerieten im 19. und 20. Jahrhundert zeitweise sogar in Vergessenheit. Zahlreiche Pflanzen gingen verloren, erst nach dem Zweiten Weltkrieg konnte der ursprüngliche Bestand wieder rekonstruiert werden.

Dass man sich auch noch heute an der Blütenpracht erfreuen kann, ist nicht zuletzt auch ein Verdienst des **Vereins Roseninsel**. Seit 1978 kümmern sich die ehrenamtlichen Helfer um die farbenfrohe Attraktion und sorgen damit für ein Fortbestehen der Rosentradition im Bergpark Wilhelmshöhe. Ihre Arbeit hat darüber hinaus auch maßgeblich dafür gesorgt, dass die Roseninsel seit 2016 mit mehreren Infotafeln im weltweit größten Rosenmuseum in Peking vertreten ist.

❯ www.roseninsel-kassel.de

㉗ Schloss Wilhelmshöhe ★★★ [D2]

An der Stelle eines alten Jagd-schlosses ließ Landgraf Wilhelm IX. ab 1786 in mehreren Etappen das Schloss Wilhelmshöhe errichten, das seitdem zweifelsohne zu den Prunk-stücken im Bergpark zählt. Heute be-herbergt das klassizistische Bauwerk sowohl die Gemäldegalerie Alte Meis-ter als auch die Antikensammlung. Im südlichen Teil des Schlosses, dem sogenannten Weißensteinflügel, sind zudem landgräfliche Räume im abso-lutistischen Stil zu sehen.

Der **Weißensteinflügel**, der nach Plänen von Simon Louis du Ry rea-lisiert wurde, ist der älteste Teil des Bauwerks. Ursprünglich als freiste-hendes Gebäude geplant, erhielt er auf Wunsch des Landgrafen ein Pen-dant auf der gegenüberliegenden Sei-te: den **Kirchflügel.** Unter der Baulei-

tung von Heinrich Christoph Jussow entstand der **Mittelteil des Schlos-ses.** Mit einem Portikus und einer vom römischen Pantheon abgelei-teten Kuppel wurde dieser mittlere Trakt monumental erhöht. Seine ge-schlossene Form erhielt das Schloss erst im 19. Jahrhundert, als Kurfürst Wilhelm II. Verbindungsbauten zwi-schen den drei getrennten Flügeln er-richten ließ. Während der napoleoni-schen Besetzung wurde das Gebäu-

Der Dackel des Kaisers

Auf der Roseninsel ㉖ ist neben vie-len Pflanzen auch ein eher unschein-bares Denkmal zu sehen, das einem Dackel gewidmet ist, der zwischen 1890 und 1901 gelebt hat. Dabei handelt es sich nicht um irgendei-nen Hund, sondern um „Erdmann", einen der Lieblingsdackel von Kai-ser Wilhelm II. Der Herrscher, der das Schloss Wilhelmshöhe ab 1891 als Sommerresidenz nutzte, ließ das Tier nach dessen Tod im Umkreis der Roseninsel pompös beerdigen.

☑ *Blick von unten auf das Schloss Wilhelmshöhe*

036ka.df

de in „Napoleonshöhe" umbenannt und diente **Jérôme Bonaparte**, dem König von Westphalen, zeitweise als Residenz. Auch in der Folgezeit sollte das Schloss noch einige Herrscher beherbergen: Nach einer verlorenen Schlacht im Deutsch-Französischen Krieg wurde Napoleon III. hier unter Arrest gestellt. Später wählte Kaiser Wilhelm II. das Schloss als Sommerresidenz der kaiserlichen Familie aus.

Im Laufe des **Zweiten Weltkriegs** wurde vor allem der Mitteltrakt des Gebäudes bei Bombenangriffen schwer in Mitleidenschaft gezogen. Zwischen 1968 und 1974 erfolgte der Wiederaufbau und die Umgestaltung des Gebäudes zu einem Kunstmuseum. Die im Krieg zerstörte Kuppel wurde jedoch nicht erneut errichtet.

Nachdem das Schloss 1994 wegen bauphysikalischer Mängel geschlossen werden musste, konnte es sechs Jahre später nach einer umfassenden Sanierung und einer Neuorganisation der Ausstellungsräume wiedereröffnet werden.

> **Tagesticket Wilhelmshöhe:** Erw. 6 €, erm. 4 €, bis 18 Jahre frei

KLEINE PAUSE

Café Jérôme

Im **Schloss Wilhelmshöhe** ㉗ befindet sich dieses einladende Café, das mit hausgemachten Kuchen, Waffeln, kleinen französischen Snacks und Kaffeespezialitäten lockt. In den Sommermonaten sind die Plätze im Außenbereich sehr beliebt, da man dort aus einen einzigartigen Blick auf den kompletten Bergpark und den Herkules hat.

> **Café Jérôme,** Schlosspark 1, Tel. 51077150, www.cafe-jerome.de, geöffnet: Di. u. Do.–So. 10–17, Mi. 10–20 Uhr

㉘ Weißensteinflügel ★★ [D2]

Einen beeindruckenden Einblick in die fürstliche Wohnkultur vergangener Tage erhält man im **südlichen Teil des Schlosses Wilhelmshöhe**, dem sogenannten Weißensteinflügel. Er beherbergte ursprünglich die landgräflichen Appartements und die repräsentativen Räumlichkeiten für hochrangige Gäste. Im Gegensatz zum Mitteltrakt blieb er im Zweiten Weltkrieg unbeschädigt, sodass hier nach wie vor die frühere Raumaufteilung zu sehen ist.

Bei den 23 Schlossräumen, die bei einer **Führung** besichtigt werden können, handelt es sich um Schauräume, die mit zahlreichen Originalgegenständen **nach historischem Vorbild rekonstruiert** wurden und eine Vorstellung vom fürstlichen Leben an der Wende zum 19. Jahrhundert vermitteln. Die Ausstellungsstücke stammen zum einen aus dem ursprünglichen Inventar des Weißensteinflügels, darüber hinaus aber auch aus dem Kasseler Residenzpalais, das im Zweiten Weltkrieg zerstört wurde. Auf insgesamt zwei Etagen begibt sich der Besucher auf eine Zeitreise durch die alten Gemächer, die unter anderem Speisesaal, Porträtgalerie, Schlaf- und Badezimmer und den prächtigen Thronsaal aus dem Residenzpalais umfassen. Letzterer wird sogar vom **Standesamt** genutzt und bietet Verliebten die Möglichkeit, sich in herrschaftlichem Ambiente das Ja-Wort zu geben.

Bauherr **Landgraf Wilhelm IX.** ließ die Räume mit exklusiven Möbeln ausstatten, unter der kurzen Herrschaft von König **Jérôme von Westphalen** gelangten zudem wertvolle Mahagonimöbel aus Paris hierher. Ein besonderer Hingucker entstand dann in der Zeit von Kurfürst Wilhelm II.: ein **Marmorbad** mit illusionistischen Wandmalereien und Warmwasserleitungen.

Flankiert werden die erlesenen Exponate durch zahlreiche weitere Kostbarkeiten, wozu unter anderem eine exquisite Porzellansammlung, Standspiegel, ein Roulettetisch im Spielezimmer, die Bestände in der kurfürstlichen Bibliothek und zahlreiche Kunstwerke des Kasseler Hofmalers Johann Heinrich Tischbein d. Ä. zählen.

❯ www.museum-kassel.de, geöffnet: April–Oktober Di.–So. 10–17, Nov.–März Fr.–So. 10–16 Uhr, Besichtigung generell nur stündlich mit Führung möglich (Infos s. Website)

㉙ Antikensammlung ★★ [D2]

Eindrucksvolle Marmorskulpturen, sehenswerte Korkmodelle antiker Bauwerke, wertvolle Vasen und seltene Münzen können die Besucher im Mittelteil von Schloss Wilhelmshöhe bestaunen. Anhand von rund 800 Exponaten im Erd- und Untergeschoss wird ihnen ein Überblick über die Entwicklung antiker Kulturen im Mittelmeerraum gegeben.

Der Anfang der Sammlung, die zu den bedeutendsten ihrer Art in Deutschland zählt, liegt im Jahr 1688, als hessische Truppen etliche Münzen, Bronzestatuetten und Reliefs mit nach Kassel brachten. Sukzessive erweitert wurde sie unter den Landgrafen Wilhelm VIII. und Friedrich II., die eine große Faszination für die Antike hatten und diverse bedeutende Gegenstände erwarben. Dazu zählt auch der berühmte „**Kasseler Apoll**", den Friedrich II. auf einer Italienreise kaufte. Die übergroße und gut erhaltene Marmorstatue des griechischen Gottes Apollon, die im 2. Jh. n. Chr. von römischen Bildhauern als

Kopie einer verlorengegangenen griechischen Bronzestatue angefertigt wurde, ist sicherlich das herausragendste Exponat der Sammlung.

Viele Ankäufe aus dem 18. Jahrhundert, die ab 1779 im Erdgeschoss des neu errichteten Museums Fridericianum ausgestellt wurden, haben die vergangenen drei Jahrhunderte überlebt und bilden somit weiterhin den Kern der Ausstellung, die seit 1974 im Schloss Wilhelmshöhe zu sehen ist. Anlässlich des 250. Geburtstags der Antikensammlung wurde die Dauerausstellung 2018 **um einen sammlungsgeschichtlichen Teil erweitert,** der sich in erster Linie diesen besonderen Erwerbungen des Landgrafen Friedrich II. widmet.

Mythenbilder von griechischen Helden wie Theseus und Herakles, Gefäße, Bronzen und Skulpturen, die den Alltag im antiken Griechenland illustrieren sollen, Funde der Kasse-

◿ *Die Skulpturen der Antikensammlung laden zu einem Rundgang ein*

ler Ausgrabung auf der Insel Samos aus dem Jahr 1894: Die Vielzahl der Exponate zieht die Besucher in ihren Bann und lädt zu einem informativen Rundgang ein, bei dem man das Untergeschoss nicht außer Acht lassen sollte. Dort sind das Kolosseum, das Pantheon und andere antike römische Bauten in Vitrinen zu bestaunen – **als spektakuläre Korkmodelle.** Die mehr als 30 Exemplare wurden im 18. Jahrhundert in Rom von Antonio Chichi gefertigt und anschließend nach Kassel verschickt.

❯ www.museum-kassel.de, geöffnet: Di. u. Do.–So. 10–17 Uhr, Mi. 10–20 Uhr

㉚ Gemäldegalerie Alte Meister ★★ [D2]

Mehrere Hundert Werke umfasst die Gemäldegalerie Alte Meister im Schloss Wilhelmshöhe, darunter befinden sich zahlreiche Objekte berühmter Maler wie Rembrandt, Rubens, Dürer und Tizian. Mit ihrem beachtlichen Bestand an Bildern, der vom späten 15. bis zum Ende des 18. Jahrhunderts einen Überblick der Malereigeschichte in Europa bietet, gehört die Sammlung weltweit zu den bedeutendsten ihrer Art.

Die Gemäldegalerie kann auf eine mehr als 500 Jahre alte Geschichte zurückblicken, wobei ihr Ursprung mit einer trauernden Witwe zu tun hat: **Anna von Mecklenburg,** Witwe von Landgraf Wilhelm II., beauftragte Anfang des 16. Jahrhunderts den Künstler Lucas Cranach d. Ä., ein Gemälde ihres verstorbenen Gatten zu malen. Dass die Sammlung, die 1653 erstmals Erwähnung fand, stetig wuchs, war vor allem der Sammelleidenschaft der Landgrafen Karl, Wilhelm VIII. und Friedrich II. zu verdanken.

In den darauffolgenden Generationen konnte der landgräfliche Besitz noch weiter ausgebaut werden. Er wurde im Laufe der Zeit an verschiedenen Orten ausgestellt, darunter auch in der heutigen Neuen Galerie ㉑ an der Schönen Aussicht. Seit 1974 befinden sich die Gemälde im Mittelbau des Schlosses Wilhelmshöhe, wo sie auf insgesamt drei Etagen ausgestellt werden. Der faszinierende **Rundgang durch die europäische Kunstgeschichte** von der Spätgotik bis zum beginnenden Klassizismus startet in der ersten Etage, die sich zwar in erster Linie der deutschen und der italienischen Malerei widmet, gleichzeitig aber auch niederländische und spanische Kunstwerke beherbergt. Ein Fokus liegt auf der Porträtmalerei, wobei Gemälde verschiedener Meister wie Tizian, Rubens, Graff oder Tischbein direkt nebeneinander positioniert werden.

Die Etage drüber ist zweigeteilt: In der Mitte bietet sie Platz für Wechselausstellungen. Ansonsten steht die niederländische und flämische Malerei, u. a. mit Kunstwerken von Joos van Cleve und Pieter Aertsen, im Vordergrund. Dieser Schwerpunkt der Gemäldegalerie liegt vor allem an Landgraf Wilhelm VIII., der niederländische Maler an seinem Hof beschäftigte und zwischen 1748 und 1756 Hunderte von Gemälden in Holland, Brüssel, Antwerpen und weiteren Gebieten einkaufen ließ. Dies hat auch dazu geführt, dass die Gemäldegalerie den **größten Bestand an Rembrandt-Werken in Deutschland** hat. Die beeindruckenden Malereien sind am Ende des Rundgangs – in der dritten Etage – zu bestaunen. Dieser Bereich, der als Höhepunkt der Sammlung bezeichnet werden kann, ist aber nicht nur den Leistungen Rembrandts, sondern auch den bahnbrechenden Kunstwerken von **Rubens** gewidmet, von denen hier unter anderem „Triumph des Siegers" und „Jupiter und Kallisto" zu nennen sind.

❯ www.museum-kassel.de, geöffnet: Di. u. Do.–So. 10–17 Uhr, Mi. 10–20 Uhr

㉛ Ballhaus ★ [D1]

Ein Juwel klassizistischer Architektur befindet sich direkt neben dem nördlichen Schlossflügel, auch wenn das Gebäude von außen eher unscheinbar aussieht. Das Ballhaus ist das einzige Gebäude im Bergpark, das **in der Ära des Königreichs Westphalen errichtet** wurde. König Jérôme Bonaparte ließ es zwischen 1808 und 1810 als Hoftheater erbauen. Dafür beauftragte er **Leo von Klenze**, der in der Folgezeit zu einem der bedeutendsten Architekten des Klassizismus aufsteigen sollte. Für den damals 24-Jährigen stellte das von außen stilvoll elegante Gebäude das Erstlingswerk dar.

Unter Kurfürst Wilhelm II. erhielt das Gebäude schon wenige Jahre später eine andere Funktion. Da er nach Amtsantritt keine Verwendung mehr für das Theater hatte, beauftragte er 1828 seinen Architekten **Johann Conrad Bromeis**, es zu einem prachtvollen Ballhaus umzubauen. In einem pompösen **Ballsaal** mit beeindruckenden Dekorationsmalereien an Wänden und Decken wurden fortan rauschende Feste gefeiert. Nach dem Zweiten Weltkrieg diente das Ballhaus als **Casino für amerikanische Soldaten**.

Von 2014 bis 2016 wurde das Gebäude von außen und innen saniert. Als besonders schwierige Aufgabe stellte sich heraus, die umfangreichen Malereien wiederherzustellen. Die Experten restaurierten sie per Hand – auf einem großen Gerüst, das bis unter das Deckengewölbe reichte. Doch die Arbeit hat sich gelohnt. Ein echter Hingucker ist der **Fries mit Papageien-Malereien und Spiralranken**, der sich komplett um den Ballsaal zieht. Da das Residenzpalais am Friedrichsplatz und der Mitteltrakt des Schlosses Wilhelmshöhe im Zweiten Weltkrieg zerstört wurden, ist der Ballsaal das letzte erhalten gebliebene große Beispiel für die Raumausstattung aus der Zeit von Kurfürst Wilhelm II.

Heutzutage finden vornehmlich Kulturveranstaltungen wie klassische Konzerte im Ballsaal statt. In den wärmeren Monaten gibt es die Möglichkeit, das Gebäude im Zuge von Führungen zu besichtigen.

❯ Schlosspark 5, Tel. 316800, nur im Rahmen einer Führung oder bei Veranstaltungen zugänglich, Infos unter www.museum-kassel.de.

◁ *Die Gemäldegalerie Alte Meister zählt zu den bedeutendsten Kunstsammlungen ihrer Art*

32 Großes Gewächshaus ★ [D1]

Neben dem Ballhaus 31 befindet sich ein gläsernes Gebäude, das Kurfürst Wilhelm II. 1822/1823 ebenfalls durch seinen Hofarchitekten **Johann Conrad Bromeis** bauen ließ. In dem Bauwerk, das eine der ersten Glas-Stahl-Konstruktionen im gesamten Europa darstellte, sollten kostbare exotische Pflanzen kultiviert werden. Im Verlauf des 19. Jahrhunderts wurde es durch einen großen rechteckigen Mittelbau erweitert.

Noch heute kann der Besucher in den verschiedenen Räumen die **Blütenpracht aus exotischen und historischen Pflanzen** bestaunen, die aus aller Welt kommen und teilweise bis unter die Decke ragen. Auf festen, gepflasterten Wegen flanieren die Besucher in drei Hallen zwischen den zahlreichen Beeten und sehen dabei schon zu Beginn ein Farbenmeer aus Orchideen, Palmen, Primeln und Kamelien. Letztere sind teilweise 150 Jahre alt und blühen tausendfach in Rot, Rosa und Weiß. Neu sind besondere Bromelienarten wie die Ananas. Zu den besonders exotischen Pflanzen zählt auch die „**Belle de Wilhelmshöhe**" – eine selbst gezüchtete Kamelie.

Die einzelnen Teile des Gebäudes sind unterschiedlich stark beheizt – abhängig davon, welche Pflanzen sich darin befinden und welche klimatischen Bedürfnisse sie haben. Im Mittelteil des Gewächshauses, in dem eher tropische Bedingungen herrschen, ist eine **Voliere im chinesischen Stil** zu sehen, die verschiedene Vögel beherbergt. Etwas gemäßigteres Klima herrscht schließlich in der dritten Halle, in der sich unter anderem Azaleen aus China und Buxbäume befinden.

Während der wärmeren Monate werden einige Pflanzen (vornehmlich Palmen) in Pflanztrögen aus dem Gewächshaus herausgeholt und im Bergpark aufgestellt. Zwischen April und Oktober ist der mittlere und hintere Teil des Gewächshauses für Besucher geschlossen, der vordere kann dagegen für Veranstaltungen gebucht werden.

❯ www.museum-kassel.de, geöffnet: 1. Nov.–31. März Di.–So. 10–17 Uhr, während der Sommermonate geschlossen, Tagesticket Wilhelmshöhe (s. S. 60)

33 Löwenburg ★★ [C2]

Perfekt sollte sie nie sein: **Landgraf Wilhelm IX.** ließ die beeindruckende Burganlage mit gotischen Spitzbögen und bröckelnden Wänden bewusst **als mittelalterliche Ruine konzipieren.** Künstliche Ruinen als Teil von Landschaftsgärten lagen damals im Trend und wurden im späten 18. Jahrhundert auf dem europäischen Kontinent zahlreich als Ausdruck einer neuen romantischen Gesinnung errichtet. Die Löwenburg wirkt, als ob sie in den vergangenen Jahrhunderten diversen Belagerungsstürmen und Abwehrkämpfen ausgesetzt war. So sollte eine direkte Verbindungslinie zu dem seit dem Mittelalter regierenden Haus Hessen gezogen und somit auch die eigene Herrschaft legitimiert werden.

Wilhelms Architekt Heinrich Christoph Jussow schuf zwischen 1793 und 1801 mit der Löwenburg eine der ersten **pseudomittelalterlichen Burganlagen** Europas. Die Ritterburg, die malerisch in den Bergpark eingebettet ist, ist schon von Weitem zu sehen und befindet sich rund einen Kilometer in südwestlicher Richtung von Schloss Wilhelmshöhe entfernt.

Im Inneren ähnelt die Raumfolge einem **spätbarocken Lustschloss** mit fürstlichen Wohnräumen. Die Löwenburg, die nach dem Vorbild englischer Schlossbauten konzipiert wurde, diente dem Bauherrn in erster Linie als Ort, an dem er sich mit seiner Mätresse, Karoline von Schlotheim, zurückziehen konnte. Neben der Burg ließ Wilhelm zudem einen **Burggarten**, einen **Weinberg**, einen **Turnierplatz und** einen **Tiergarten** anlegen.

Historische Möbel, Gemälde, Gläser, eine umfangreiche Waffensammlung: Die pompöse Ausstattung im Inneren spiegelte nicht nur die Sammelleidenschaft Wilhelms, sondern auch seine Faszination für das Mittelalter wider. Welch immense Bedeutung der Herrscher der Löwenburg beimaß, wird auch daran ersichtlich, dass er die dortige Kapelle schon früh als seine **Grabstätte** auserkoren hatte. 1821 wurde er in der kleinen Kirche beigesetzt und noch heute liegt sein Leichnam in einer Gruft unter dem Altar.

Im Verlauf des Zweiten Weltkriegs wurde die Burg massiv beschädigt und der Bergfried komplett zerstört. Da viele wertvolle Gegenstände bereits zu Beginn des Krieges ausgelagert worden waren, blieb die Ausstattung der Burg nahezu unversehrt. Momentan gleicht die Löwenburg jedoch einer großen Baustelle, denn sie wird **bis voraussichtlich 2022 umfangreich saniert.** Rund 30 Millionen Euro investiert das Land Hessen für die Baumaßnahmen. Ziel ist die komplette Instandsetzung der äußeren Fassaden und die möglichst detailgetreue Wiederherstellung der Räume im Inneren der Burg. Dafür muss man momentan aber auch mit Einschränkungen leben: Infolge der Sanierungsarbeiten sind derzeit nur die

☐ *Als mittelalterliche Ruine konzipiert: die Löwenburg*

040ka-cl

historische **Rüstkammer**, in der sich zahlreiche Ritterrüstungen aus dem 15. Jahrhundert befinden, und die **Burgkapelle** mit dem Grabmal Wilhelms zu besichtigen.

Trotz der Bauarbeiten hat die Löwenburg aber einiges zu bieten – auch aufgrund ihrer Außenanlagen: Sie ist nicht nur von einem **Burggarten** und dem **Turnierplatz** umgeben, sondern unterhalb der Anlage befindet sich auch die romantische **Wolfsschlucht** mitsamt einer Felsentreppe, die direkt zur Burg führt. Aber Achtung: Für den Aufstieg ist gute Kondition vonnöten, da die Stufen recht steil sind.

Hinter der Löwenburg befindet sich etwas versteckt ein kleines Labyrinth aus Hecken. Direkt daneben genießt man nicht nur einen herrlichen Blick auf das Schloss, sondern auf die gesamte Stadt.

❯ Eintritt: Erw. 2 €, erm. 1 €, bis 18 Jahre frei, geöffnet: April-Oktober: Di.–So. 10–17 Uhr, November-März: Fr.–So. 10–16 Uhr. Eine Besichtigung ist stündlich nur mit Führung möglich.

34 Wasserspiele ★★★ [A1]

Ein echtes Spektakel können die Besucher des Bergparks von Mai bis Oktober erleben: Seit nunmehr 300 Jahren begeistern die Wasserspiele die Menschen, stellen sie doch eine architektonische und ingenieurtechnische Meisterleistung dar, die weltweit einzigartig ist.

Zu verdanken sind die Wasserspiele **Landgraf Karl**, der mithilfe des Architekten **Giovanni Francesco Guerniero** etwas Monumentales kreieren wollte, mit dem er sein Ansehen bei seinen Untertanen und anderen Herrschern steigern konnte. Zugleich wollte er die Beherrschung eines der vier Elemente demonstrieren. Sein Urenkel, **Landgraf Wilhelm IX.**, ließ die Anlage ab 1785 erweitern – allerdings nicht mehr im barocken, sondern im romantischen Stil. In dieser Zeit wurden unter anderem der Steinhöfer Wasserfall, das Aquädukt und diverse Bäche und Teiche errichtet.

Das Besondere an den beeindruckenden Wasserspielen ist, dass die Technik, mit der sie funktionieren, seit der Entstehungszeit dieselbe ist: Noch immer wird der Lauf des Wassers **ohne Einsatz von Pumpen**, dafür ausschließlich durch die Ausnutzung physikalischer Gesetze bestimmt. Indem Sperren und Schieber geöffnet werden, ergießen sich die Massen über die einzelnen Stationen von den Kaskaden bis zum Teich vor dem Schloss, wo das Wasser als krönender Abschluss 52 Meter in die Höhe schießt.

Den **Startschuss** für das Schauspiel geben pünktlich um 14.30 Uhr zwei mythologische Figuren (Zentaur und Faun) am Riesenkopfbecken unterhalb des Herkules 35, aus deren Hörnern ein Ton erklingt – durch natürlichen Wasserdruck erzeugt. Das

Wasser sprudelt anschließend über die **Kaskaden** und donnert dann den **Steinhöfer Wasserfall** hinunter, ehe es unter der **Teufelsbrücke** in den zehn Meter tiefer gelegenen **Höllenteich** fließt. An den einzelnen Stationen wird jedes Wasserbild rund zehn Minuten inszeniert. Es ist aber zu empfehlen, sich bereits vor dem jeweiligen Ende auf den Weg zur nächsten Etappe zu machen, um sich einen guten Aussichtspunkt zu sichern.

Vom **Aquädukt**, der als Nachahmung einer römischen Wasserleitung, die durch ein Erdbeben zerstört worden ist, erbaut wurde, stürzt das Wasser 30 Meter in die Tiefe. Wenn die bereits erwähnte **Fontäne als Höhepunkt und Finale** des Spektakels wie ein Geysir um 15.45 Uhr in die Lüfte aufsteigt, kann man in zahlreiche staunende Gesichter schauen, bevor das Wasser anschließend unterirdisch in die Fulda abgeleitet wird.

Ein paar Zahlen verdeutlichen die immensen Ausmaße der ausgefeilten Wassershow, die mit Fug und Recht als das Herzstück des an Höhepunkten ohnehin schon reichen Bergparks bezeichnet werden kann: **750.000 Liter Wasser** fließen bei jeder Aufführung in die Tiefe, die Inszenierungen locken dabei jeweils mehrere Tausend Besucher an, die dabei vom Herkules bis zur Großen Fontäne einen Höhenunterschied von mehr als 200 Metern zurücklegen müssen.

❯ 1. Mai – 3. Oktober jeweils Mi., So. und Feiertage Beginn 14.30, Ende ca. 16 Uhr

◁ *Ritterrüstungen aus dem 15. Jahrhundert können in der historischen Rüstkammer besichtigt werden*

▷ *Am Aquädukt stürzen die Wassermassen rund 30 Meter in die Tiefe*

EXTRATIPP

Beleuchtete Wasserspiele

Im Bergpark wird es an einigen Abenden im Sommer besonders romantisch: An jedem ersten Samstag in den Monaten **Juni bis September** werden die Wasserspiele bei Einbruch der Dunkelheit beleuchtet. Los geht es dabei unterhalb des Herkules **35**. Der Start ist im Juni und Juli um 21.45, im August um 21.15 und im September um 20.45 Uhr. Rund 100 Scheinwerfer illuminieren die einzelnen Stationen des Wasserlaufs und sorgen dadurch für ein besonderes Flair, das durch musikalische Begleitung noch unterstrichen wird. Es ist ratsam, festes Schuhwerk zu tragen und eine Taschenlampe bei sich zu führen.

Bevor die Wasserspiele beginnen, wird den Besuchern bereits ab 17 Uhr rund um das Schloss Wilhelmshöhe **27** ein buntes **Rahmenprogramm** mit Livemusik und weiteren stimmungsvollen Highlights geboten, das für einen romantisch-barocken Sommerabend mit ganz besonderem Flair sorgt. Wie bei den regulären Wasserspiel-Terminen fährt auch ein Shuttlebus zu den einzelnen Stationen. Weitere Informationen unter www.beleuchtete-wasserspiele.de.

041ka-df

042ka-df

> Die Wasserspiele sind mit verschiedenen Linienbussen zu erreichen. Die Haltestelle „Herkules" wird nur von den Linien 22 und 23 angefahren. Die Linie 23 verkehrt an den Wasserspieltagen alle 15 Minuten zwischen den Haltestellen „Wilhelmshöhe (Park)" und „Herkules", die Linie 22 fährt ergänzend halbstündig ab der Haltestelle „Im Druseltal". Von der Innenstadt aus kann man die Haltestellen mit den Tramlinien 1 und 4 erreichen. Die einzelnen Wasserspiel-Stationen im Bergpark werden vom Bergparkshuttle bedient. Zwischen 10 und 17 Uhr fahren die beiden Shuttlebusse etwa alle 15 bis 20 Minuten. Der Preis für die einfache Fahrt beträgt 2 €.

35 Herkules ★★★ [A1]

Herrschaftlich thront die 8,30 Meter hohe Kupferstatue des griechischen Halbgottes Herkules als herrlicher Abschluss der Kaskadenanlage auf einer Pyramide, die auf einem gigantischen achteckigen Sockel, dem Oktogon, steht. Das dreistöckige Bauwerk wurde als offenes Riesenschloss konzipiert. An seinen Außenseiten führen Freitreppen in die oberen Stockwerke.

Früher wurde mit dem Begriff „Herkules" vor allem die Kupferfigur gemeint, heutzutage bezieht sich der Name aber zumeist auf die gesamte Anlage. Von jedem Winkel der Stadt ist das Wahrzeichen Kassels zu sehen, das seit 1717 auf dem Gipfel des Karlsbergs zu finden ist. In einer Höhe von 530 Metern kann der Koloss auf die gesamte Stadt hinabschauen.

Der schlossartige Herkules ist ein Bauwerk der Superlative, das zwischen 1701 und 1717 unter der Leitung des italienischen Architekten **Giovanni Francesco Guerniero** erbaut wurde. Landgraf Karl von Hessen-Kassel hatte die Anlage in Auftrag gegeben, nachdem er auf einer Italienreise in der Villa Farnese in Rom eine antike Herkules-Statue gesehen hatte, die bei ihm einen bleibenden Eindruck hinterließ. In der Figur des antiken Helden, die in der griechischen Mythologie mit Kraft, Mut und Klugheit assoziiert wird, sah der Landgraf seine eigenen Tugenden verkörpert.

Die Kasseler Statue wurde vom Augsburger Goldschmied Johann Jacob Anthoni geschaffen. Der Held, in

△ *Ein echter Zuschauermagnet: Das Wasser fließt unter der Teufelsbrücke hindurch in den Höllenteich*

▷ *Ein Bauwerk der Superlative: der Herkules mitsamt der vorgelagerten Kaskaden*

leicht nach vorne gebeugter Haltung, stützt sich auf eine Keule, über die er das Fell des Nemeischen Löwen geworfen hat. In der griechischen Mythologie bestand die erste der **zwölf Heldentaten,** die Herkules auferlegt wurden, darin, dem König das Fell des eigentlich als unverwundbar geltenden Ungetüms zu bringen. Nach einem harten Kampf schaffte er es der Legende nach schließlich, den Löwen zu erwürgen. Hinter seinem Rücken hält die Figur in der rechten Hand die drei **goldenen Äpfel der Hesperiden,** die für Liebe, Fruchtbarkeit und ewige Jugend stehen sollen.

Nicht zuletzt der Reichtum an Details, den Anthoni bei der Darstellung der Figur verwirklichte, macht den Koloss zu einem **monumentalen Meisterwerk der Baukunst.** Die rund drei Tonnen schwere Statue besteht aus einem **Metallskelett,** das von einer nur 2,5 Millimeter dicken **Kupferschicht** überzogen ist. Der massige Rumpf mitsamt seinen definierten Muskeln zeigt die Stärke des Halbgottes.

Die ursprünglichen Pläne für die gesamte Anlage mitsamt den Kaskaden wurden mehrfach abgeändert. Eigentlich, so zeigen Quellen aus der damaligen Zeit, waren viel weitergehende Baumaßnahmen geplant, als letztlich ausgeführt wurden. Die Statue des antiken Helden ist auf einer **steinernen Pyramide** platziert, die wiederum auf einem achteckigen Unterbau, dem sogenannten **Oktogon,** aufgesetzt ist. Auf diesem dreistöckigen Riesenschloss befindet sich eine riesige **Aussichtsplattform.** Von Frühjahr bis Herbst hat man die Möglichkeit, über die Freitreppen auf diese **Besucherplattform** zu steigen, von der man in 33 Meter Höhe nicht nur eine grandiose Aussicht auf die barocke Parkanlage und Kassel, sondern auch auf die Mittelgebirge von Rhön bis Harz hat. Da sind auch die vielen Stufen, die man bis dahin bewältigen muss, gleich vergessen.

043ka-cl

Im Inneren des Oktogons befindet sich ein achteckiger Innenhof, in dessen Boden ein Wasserreservoir eingelassen ist. Unterhalb ist ein felsartig gestalteter Grottenbau, die sogenannte **Vexierwassergrotte**, vorgelagert – mit ihren spritzenden Düsen, sprudelnden Brunnen und mythologischen Figuren eine weitere Attraktion im Bergpark.

Eine ideale Gelegenheit, sich über das monumentale Bauwerk zu informieren, bietet das 2011 eröffnete **Besucherzentrum** gleich neben dem Herkules. Anhand von Bildern, Filmen und Texten erfährt man dort viel Wissenswertes rund um die Anlage. Zugleich ist der Bau ein architektonisches Highlight an sich und das Berliner Architektenbüro, das dafür verantwortlich zeichnete, wurde mit dem Großen Preis des Bundes Deutscher Architekten ausgezeichnet. „Die Außenhaut nimmt mit ihrer Reliefstruktur das poröse Felsgestein des Herkulesbauwerkes auf, während der Sichtbeton im Inneren eine weiche und glatte Oberfläche erhält", hieß es von Seiten der Architekten zur Eröffnung.

❯ Schlosspark 28, Tel. 31680123, www. museum-kassel.de, Tagesticket Wilhelmshöhe (s. S. 60), geöffnet: April–Okt. Di.–So. 10–17 Uhr. Mit der Straßenbahnlinie 4 bis zur Endhaltestelle Druseltal. Anschließend mit Bus 22 oder 23 direkt zum Herkules.

Der Herkules in Zahlen
Höhe der Figur: 8,30 Meter,
    mit Sockel 11,30 Meter
Brustumfang: 5 Meter
Leibesumfang: 4,60 Meter
Nasenlänge: 0,25 Meter
Kopfumfang: 3,40 Meter
Fußlänge: 1,25 Meter

Ausflugstipps

㊱ Künstler-Nekropole ★ ★ [ag]

Eine besondere Grabanlage befindet sich im **Naturpark Habichtswald** am Stadtrand von Kassel. Ausgehend vom Wanderparkplatz Bergfreiheit führt ein rund 1½ Kilometer langer Rundweg um den Blauen See an bislang **neun Grabplätzen** vorbei. Dabei handelt es sich auch um Kunstwerke des öffentlichen Raums, die ganzjährig zugänglich sind, denn in der Künstler-Nekropole errichten Künstler von documenta-Rang bereits zu ihren Lebzeiten ihre eigenen Grabmäler und verpflichten sich, dort nach ihrem Tod ihre Asche in einer Urne bestatten zu lassen. Insgesamt sind **rund 40 Monumente geplant**, die um den ehemaligen Steinbruch entstehen sollen.

Diese „Totenstadt" geht auf eine Initiative des Künstlers **Harry Kramer** zurück, der 1964 an der documenta 3 teilnahm und als Professor für Bildhauerei an der Kasseler Kunstakademie wirkte. Er wollte damit eine neue Form der Kunst im öffentlichen Raum schaffen, bei der sich die Künstler mit ihrer eigenen Sterblichkeit auseinandersetzen und diese dann gemäß ihren eigenen künstlerischen Vorstellungen gestalten sollen. Die einzigen Bedingungen für die Grabmäler: Die Natur im Wald darf nicht gestört werden und die Monumente müssen sich selbst überlassen bleiben.

Die Anlage wird von einer Stiftung finanziert, die von der Stadt Kassel getragen wird und aus dem Privatvermögen Harry Kramers hervorgeht. Über die Frage, welche Künstler dazu eingeladen werden, in der Nekropole ihr Grabmal zu gestalten, entscheidet ein Stiftungsbeirat. Man mag dieses

Projekt etwas morbide finden, doch die schöne Landschaft und das Vogelgezwitscher im Hintergrund verleihen der Anlage etwas Malerisches.

Wie bei renommierten Künstlern zu vermuten ist, handelt es sich bei den einzelnen Monumenten nicht einfach um schlichte Grabsteine. **Heinrich Brummack** hat sich beispielsweise für eine **Vogeltränke** entschieden, die die Vögel dazu einladen soll, aus der Granitschale zu trinken, die auf seinen zwei Sarkophagen liegt. 2015 wurde Werner Ruhnau in seinem „Spielraum" beerdigt, der sich an einem Theater orientierte. Das Monument, das aus vier Eichenholzstelen und einem kleinen Amphitheater in der Mitte besteht, soll auf Wunsch des Architekten und Hochschullehrers nicht als Ort der Trauer, sondern als Stätte des Festes und des Spiels genutzt werden. Auch die anderen Werke, unter anderem von **Karl Oskar Blase**, **Timm Ulrichs** und **Ugo Dossi** konzipiert, versprühen keine Traurigkeit. Vielmehr erzählen die Monumente Geschichten, regen zum Nachdenken an und geben zudem einen Einblick in die Gedankenwelt der Künstler, die dahinterstehen.

❯ Habichtswald, vom Königsplatz mit der Buslinie 10 oder 24 in Richtung Harleshausen bis zur Haltestelle „Sonnenhang". Von dort noch rund 500 Meter zu Fuß.

㊲ Schloss Wilhelmsthal ★★★

Nördlich von Kassel, bei der Gemeinde Calden, liegt das gut erhaltene Rokokoschloss Wilhelmsthal, das Landgraf Wilhelm VIII. zwischen 1747 und 1761 als **Jagd- und Lustschloss** errichten ließ. Er engagierte dafür den Münchener Hofbaumeister **François de Cuvilliés**, der das Bauwerk als locker gefügte Dreiflügelanlage konzipierte, die sich an französischen Vorbildern orientiert.

Zur Anlage gehört ein 30 Hektar großer **Schlossgarten**, der zwar zunächst ebenfalls im Stil des Rokoko angelegt, später aber nach englischem Muster zu einem Landschaftsgarten umgestaltet wurde. Der malerische Park, angelegt als fächer-

☐ *Schloss Wilhelmsthal gilt als eines der schönsten Rokkokoschlösser Deutschlands*

044ka-cl

förmiges Dreiachsensystem, lädt zu einem entspannten Spaziergang ein, bei dem der Besucher unter anderem auf einen neugotischen **Wartturm**, einen ehemaligen **Ententeich** und eine **Grotte** mit Wasserspielen trifft.

Eine architektonische Besonderheit der Anlage besteht darin, dass das Schloss entgegen der sonst üblichen Anordnungen am tiefsten Punkt des Parks liegt. Mit dem Gelände um das Schloss ist ein weltpolitisch bedeutendes Ereignis verbunden: Während des Siebenjährigen Krieges wurde hier im Juni 1762 eine kriegsentscheidende Schlacht geschlagen, bei der rund 2000 Franzosen ihr Leben ließen. **Die Schlacht bei Wilhelmsthal** leitete durch den Sieg der Allianz von Großbritannien, Hessen-Kassel, Preußen und Braunschweig den Abzug der französischen Heere aus Nordhessen ein.

Da die ursprüngliche Raumaufteilung des Schlosses mitsamt zahlreicher historischer Ausstellungsstücke **nahezu unverändert** geblieben ist, bietet das Gebäude einen guten Einblick in das Leben der damaligen Fürsten und deren Dienerschaft. Bei der **Führung durch die Räumlichkeiten** werden den Besuchern die Appartements des Landgrafen und seiner Gattin, der Gästetrakt, der Speisesaal und der Tanzsaal gezeigt. Fran-

zösische Lackmöbel, eine umfangreiche Sammlung an ostasiatischem und europäischem Porzellan, **eine Ahnengalerie mit Ölgemälden** von Johann Heinrich Tischbein d. Ä. und fürstliche Betten gehören zu den herausragenden Exponaten im Schloss. Mit der Ausstattung der Zimmer war unter anderem Johann August Nahl beauftragt, der auch als Bildhauer im Schloss Sanssouci in Potsdam tätig war.

Im Gegensatz zum Schloss Wilhelmshöhe **㉑** überstand Schloss Wilhelmsthal den Zweiten Weltkrieg unbeschadet. Da der Zahn der Zeit aber zwischenzeitlich ziemlich stark an Schloss und Park genagt hatte, mussten einige Ecken, zum Beispiel der Wartturm, in den vergangenen Jahren restauriert werden. Jedes Jahr am Himmelfahrts-Wochenende findet vor der malerischen Kulisse des Schlosses **ein beliebtes Gartenfest** statt, das Tausende Besucher anlockt.

❯ Schloss Wilhelmsthal, 34379 Calden, Tel. 05674 6898, www.museum-kassel.de, Eintritt: Erw. 4 €, erm. 3 €, bis 18 Jahre frei, geöffnet: April–Okt. Di.–So. 10–17 Uhr, Nov.–März Fr.–So. 10–16 Uhr. Die Besichtigung ist nur stündlich mit Führung möglich. Mit der Straßenbahnlinie 1 bis zur Haltestelle Vellmar-Nord, anschließend in den Bus 47 steigen und bis Calden-Wilhelmsthal fahren.

KASSEL ERLEBEN

Kassel für Kunst- und Museumsfreunde

In Anbetracht seiner überschaubaren Größe verfügt Kassel über eine vielschichtige und reichhaltige Museumslandschaft mit zahlreichen spannenden Einrichtungen. Wer der Meinung ist, Kassel habe nur in den documenta-Jahren für Kulturinteressierte etwas zu bieten, irrt. Das Pfund, mit dem die Stadt auch touristisch wuchert, besteht darin, dass alle Geschmäcker gleichermaßen bedient werden.

Die Liste der Institutionen, die als einmalig bezeichnet werden können, ist lang. Mit der **Grimmwelt** 20 besitzt Kassel ein Ausstellungshaus, das sich mit dem Wirken der berühmten Brüder beschäftigt und nicht nur inhaltlich, sondern auch architektonisch Maßstäbe setzt. Hinzu kommt, dass man sich in Kassel über Themen informieren lassen kann, die sonst eher nicht in Museen behandelt werden. Während sich beispielsweise das **Museum für Sepulkralkultur** 19 in beeindruckender Form mit der Kultur des Todes auseinandersetzt, stehen witzige Karikaturen und Cartoons im Zentrum der **Caricatura** 5 am Kulturbahnhof.

Der Sammelleidenschaft der Landgrafen und Kurfürsten ist es ferner zu verdanken, dass zahlreiche historische Schätze aus verschiedenen Epochen der Kunst- und Kulturgeschichte in Kassel zu besichtigen sind. Mit der Verwaltung der bedeutsamen Museen, Schlösser und Parks ist die **Museumslandschaft Hessen Kassel (MHK)** betraut.

◁ *Vorseite: Das Team der Kassel Greeter bietet individuelle Stadtführungen an (s. S. 125)*

Museen und Kunstgalerien

29 [D2] **Antikensammlung.** Im Mitteltrakt von Schloss Wilhelmshöhe geben rund 800 Exponate einen Einblick in die Geschichte vergangener Kulturen im Mittelmeerraum (s. S. 65).

› **Astronomisch-Physikalisches Kabinett.** Im Orangerieschloss 14 beheimatet, zeigt das Museum die landgräfliche Sammlung wissenschaftlicher Instrumente und gibt einen Einblick in die naturwissenschaftliche und technische Vergangenheit der Stadt. Zahlreiche Raritäten sind zu bestaunen, darunter die Planetenuhr von Landgraf Wilhelm IV. (s. S. 42).

5 [N1] **Caricatura.** Die Galerie für Komische Kunst zeigt in verschiedenen Ausstellungen pro Jahr witzige Cartoons, Karikaturen und Malereien (s. S. 29).

2 [O2] **Fridericianum.** Als eines der ersten öffentlichen Museen Europas errichtet, ist das klassizistische Bauwerk nicht nur das Herzstück der documenta. Hier sind regelmäßig Sonderausstellungen zur Gegenwartskunst zu sehen, die dem Ausstellungshaus einen internationalen Ruf bescheren (s. S. 24).

30 [D2] **Gemäldegalerie Alte Meister.** Der größte Bestand an Rembrandt-Werken in Deutschland ist im Schloss Wilhelmshöhe zu bestaunen. Ein Fokus der Galerie liegt auf der holländischen und flämischen Malerei (s. S. 66).

20 [N3] **Grimmwelt.** Außerordentliches Museum zu den Brüdern Grimm, das auch architektonisch beeindruckt. Neben den Kinder- und Hausmärchen liegt der Fokus auf den sprachwissenschaftlichen Studien von Wilhelm und Jacob Grimm (s. S. 50).

m14 [eh] **Henschel-Museum,** Wolfhager Straße 109, Tel. 8017250, www.henschel-museum.net, geöffnet: an

04 6ka-cl

jedem ersten Samstag und Sonntag des Monats 14–17 Uhr, Eintritt frei. Im ehemaligen Henschel-Werk in Rothenditmold beheimatet, widmet sich das von ehrenamtlichen Mitarbeitern geführte Museum dem Wirken der gleichnamigen Kasseler Unternehmerfamilie. Dabei soll auch an das wirtschaftliche, soziale und kulturelle Erbe der Henschels erinnert werden. Verschiedene Lokomotivmodelle aus der Geschichte der Firma bilden einen Schwerpunkt der Ausstellung.

㉓ [N3] **Hessisches Landesmuseum.** Anhand von rund 6000 Objekten gibt das Museum einen spannenden Überblick über 300.000 Jahre hessische Landes- und Kulturgeschichte (s. S. 57).

15 [P2] **Kasseler Bademuseum,** Sternstraße 20, Tel. 65785, www.kurbadjungborn.de, geöffnet: Mi.–So. 14–19 Uhr, Eintritt frei. Das Museum befindet sich im Kurbad Jungborn, dem letzten erhaltenen Flussbad in Kassel. In vier Abteilungen wird die spannende Geschichte und Entwicklung der unterschiedlichen Badeeinrichtungen Kassels nachgezeichnet. Wechselausstellungen widmen sich einzelnen Aspekten rund um die Badekultur.

⑲ [N3] **Museum für Sepulkralkultur.** Das einzigartige Museum auf dem Weinberg beschäftigt sich mit Tod, Trauer und Bestattungsritualen (s. S. 49).

⑫ [P2] **Naturkundemuseum (Ottoneum).** Das Museum gibt unter anderem mit großen Präparaten von Mammuts und Sauriern einen Überblick über die Erdgeschichte in Nordhessen. Zugleich werden landgräfliche Kostbarkeiten gezeigt, unter anderem der berühmte „Goethe-Elefant" (s. S. 38).

㉑ [O3] **Neue Galerie.** Das Museum an der „Schönen Aussicht" zeigt beeindruckende Malereien und Skulpturen vom 19. Jahrhundert bis zur Gegenwart (s. S. 52).

16 [N1] **Spohr-Museum,** Franz-Ulrich-Straße 6, Tel. 7662528, www.spohrmuseum.de, geöffnet: Sa.–Mo. 10–16 Uhr, Di.–Fr. nach Vereinbarung, Eintritt: frei. Im Südflügel des Kulturbahnhofs beheimatet, widmet sich das Museum dem Leben und Wirken des berühm-

△ *Historische Straßenbahnen können im Technik-Museum begutachtet werden (s. S. 80)*

ten Komponisten und Dirigenten Louis Spohr. Im Jahr 1822 zum Hofkapellmeister in Kassel ernannt, prägte er 35 Jahre lang das musikalische Leben in der Stadt. In dem langgestreckten Bau warten nicht nur Möbel und Instrumente aus dem Besitz des Musikers auf die Besucher, sondern auch diverse multimediale Mitmachaktionen.

4 [N2] **Stadtmuseum.** Auf insgesamt drei Etagen wird die Geschichte Kassels für die Besucher dank multimedialer Beiträge erlebbar gemacht. Der älteste erhaltene Stadtplan aus dem 16. Jahrhundert und ein Modell der im Zweiten Weltkrieg zerstörten Stadt stellen nur eine kleine Auswahl der zahlreichen Höhepunkte dar (s. S. 27).

17 [eh] **Technik-Museum,** Wolfhager Straße 109, Tel. 86190400, www. tmkkassel.de, geöffnet: Mi.–Fr. 14–17, Sa./So. 11–17 Uhr, Eintritt: Erw. 6 €, erm. 2 €. Alte Dampfmaschinen, historische Straßenbahnen oder der in Kassel gebaute Transrapid: In den Räumlichkeiten des ehemaligen Henschel-Werks in Rothenditmold erwartet die Besucher eine spannende Zeitreise durch 300 Jahre Technikgeschichte.

28 [D2] **Weißensteinflügel.** Im Südflügel des Schlosses Wilhelmshöhe kann man die Privatgemächer der landgräflichen Familie und ihrer hochrangigen Gäste bestaunen. Dabei stößt der Besucher auf klassizistische Wand- und Stuckdekorationen, zahlreiche hochwertige Möbel und weitere Unikate (s. S. 64).

Kunst unter freiem Himmel

Auch außerhalb der Museen und Galerien kommen Kulturinteressierte in Kassel auf ihre Kosten. Nicht nur die verschiedenen **documenta-Außenkunstwerke** (s. S. 18) sind ein Muss für Freunde zeitgenössischer Kunst, in der Stadt hat sich auch eine **kreative**

Street-Art-Szene entwickelt, wie sich unter anderem an den aufwendigen Graffiti im Schillerviertel zeigt.

Auch die Wände der **Unterführungen am Weinberg** (am Philosophenweg [M3–N4] in Richtung Karlsaue) und am **Holländischen Platz** (Kreuzung Untere Königsstraße/Kurz-Wolters-Straße [fh]) zieren farbenfrohe Kunstwerke. Verantwortlich dafür ist der 2013 gegründete Verein „**Raum für urbane Experimente**", ein Zusammenschluss aus jungen Stadtplanern, Architekten und Produktdesignern. Die Werke, die hier zu sehen sind, haben teils weltbekannte Künstler geschaffen. In den Unterführungen entstanden **öffentliche kulturelle Zonen**, die Menschen zusammenbringen und einen Denkanstoß bezüglich eines bewussten Umgangs mit städtischen Arealen geben sollen. Dabei erstreckt sich das kulturelle Erleben nicht nur auf die Graffiti, vielmehr dienen die Unterführungen auch als Ort für **Konzerte, Lesungen, Poetry-Slam-Veranstaltungen, Workshops** und **Ausstellungen.** Der urbane Raum wird somit zum Kommunikationsraum und zu einer Plattform zum Austausch zwischen Generationen und Gesellschaftsschichten.

Graffiti im Schillerviertel

Noch vor einigen Jahren hätte man das Schillerviertel im Stadtteil Nord-Holland sicherlich nicht als eine Gegend beschrieben, die man in Kassel unbedingt gesehen haben müsste. Das Quartier, nordöstlich vom Hauptbahnhof zwischen Schillerstraße [eh] und Wolfhager Straße [eg/h] gelegen, war lange Zeit vor allem für Prostitution, Drogen und Kriminalität bekannt. Mittlerweile befindet sich das Viertel aber im Aufbruch und ist auf dem besten Weg, sein Schmuddel-Image loszuwerden. Dies geschieht dabei auf einem besonders kreativen Weg: mit Farbe, Pinsel und Sprühdose.

Wer durch den Kiez geht, dem werden die zahlreichen aufwendigen Malereien, die hier an den Wandflächen zu bestaunen sind, nicht entgehen. Das Projekt **KolorCubes** hat es sich zur Aufgabe gemacht, Kassels Wände zum Strahlen zu bringen. Die Graffiti sollen die Wandflächen nicht nur aufwerten und verschönern, sondern zudem als **Ort des Austauschs und der Identifikation** fungieren. Bei dieser kreativen Art der Stadtteilentwicklung geht es darum, nach außen zu demonstrieren, welch enorm kreatives und produktives Potenzial in dem Kiez steckt – und ihn darüber hinaus bekannter zu machen.

In den vergangenen Jahren sind durch regionale, aber auch internationale Künstler **wahre Kunstwerke** an den Fassaden entstanden, so zum Beispiel ein gigantisches Schwarz-Weiß-Gemälde des in Mexiko lebenden Künstlers Liqen in der Sickingenstraße das als klare Industriekritik verstanden werden kann. Der farbenfrohen Kreativität der Street-Art sind bei den Werken keine Grenzen gesetzt. Es werden auch regelmäßig Graffiti-Workshops und Rundgänge zu den einzelnen Wandmalereien veranstaltet. Mehr Informationen zu den Angeboten von KolorCubes gibt es unter www.kolorcubes.de oder unter www.facebook.com/KolorCubesKassel.

Außer KolorCubes setzt sich vor allem der Verein **Schillerviertel e. V.** dafür ein, den in der Nähe der Uni und der Innenstadt befindlichen Kiez zu einem bunten Viertel und einem interessanten Umfeld für die Studierenden und alle hier lebenden und arbeitenden Menschen zu gestalten. Der gemeinnützige Verein, der von im Quartier ansässigen Künstlern, Gewerbetreibenden und Kulturfördernden gegründet wurde, organisiert auch das jährlich im Mai stattfindende **Schillerviertelfest**, das nicht nur mit Livemusik und weiteren Kunstaktionen glänzt, sondern bei dem sich auch die Ansässigen aus dem Kiez vorstellen und darüber informieren, warum sie gerade hier leben, arbeiten und kreativ werden. Mehr Informationen zum Schillerviertel und den dortigen Veranstaltungen gibt es unter www.facebook.com/SchillerViertelKassel.

▷ Kreativität ist Trumpf: Graffiti zieren viele Hauswände im Schillerviertel

Kassel für Genießer

Essen und Trinken

Die nordhessische Küche hat einige Spezialitäten zu bieten und vor allem Freunde **deftiger Gerichte** werden in Kassel auf ihre Kosten kommen. Eine Speise, die aufgrund ihres Namens häufig mit der Stadt in Verbindung gebracht wird, ist dagegen nicht in der Region verwurzelt: Der **Kassler**, also gepökeltes und dann leicht geräuchertes Fleisch aus Schweinerippe, -bauch oder -nacken, hat nicht viel mit der Stadt zu tun. Die genaue Herkunft dieser Spezialität ist nach wie vor unbekannt. Mit Kassel eng verwoben ist dagegen die nordhessische **Ahle Wurscht**, die auf eine jahrhundertealte Tradition zurückblicken kann. Es handelt sich um eine luftgetrocknete oder leicht kaltgeräucherte Rohwurst aus schlachtfrischem Schweinefleisch. In Konsistenz und Farbe ähnelt sie einer italienischen Salami. Die Bezeichnung „Ahle" leitet sich vom mitteldeutschen Begriff für „alt" ab und verweist damit auf die lange Reifungsdauer der Wurst, die teilweise monatelang bei hoher Luftfeuchtigkeit abgehangen werden muss, ehe sie verzehrt werden kann. Traditionell isst man die Wurst mit Brot, aber auch in Suppen und mit anderen Beilagen entfaltet sie ihren Geschmack. (Mehr Informationen unter www.nord hessische-ahle-wurscht.de.)

Nicht weniger deftig und fleischhaltig ist **Weckewerk**, das auch im Wörterbuch der Brüder Grimm mit einem Eintrag gewürdigt wird. Unter dem Namen verbirgt sich eine Wurstspezialität, die früher ein typisches Resteessen vom Schlachttag war. Es gibt mittlerweile viele verschiedene Rezepte für Weckewerk, doch zumeist wird

Gastro- und Nightlife-Areale
Bläulich hervorgehobene Bereiche in den Karten kennzeichnen Gebiete mit einem dichten Angebot an Restaurants, Bars, Klubs, Discos etc.

die Spezialität aus alten Brötchen, Schweinefleischresten, Schwarten, Zwiebeln und einigen Gewürzen wie Kümmel und Majoran hergestellt. Die Masse wird häufig mit Pellkartoffeln und sauren Gurken serviert.

Das I-Tüpfelchen der nordhessischen Küche sind die Soßen. Die Einwohner Kassels sind zum Beispiel stolz auf ihre **Grüne Soße**, die sich in ihrer Zubereitung von der aus Frankfurt am Main unterscheidet. Der wichtigste: In Kassel werden die Kräuter nur gleichmäßig grob geschnitten und nicht püriert.

Weil die Zutaten recht günstig sind, galt **Duckefett** lange Zeit als eine Speise für arme Leute. Es handelt sich um eine recht einfache, aber gleichwohl köstliche Soße, die aus Speck, Zwiebeln und Schmand zubereitet wird. Dazu werden gern Pellkartoffeln oder Kartoffelklöße gereicht. Der Name dieses alten Bauerngerichts leitet sich vom nordhessischen Begriff „tunken" ab, da man die Beilagen für gewöhnlich in die Soße eintaucht. Auch bei weiteren Speisen, die in Kassel sehr populär sind, wie zum Beispiel **Speckkuchen** und dem klassischen **Gehacktesbrötchen**, sollte man es mit dem Kalorienzählen nicht so genau nehmen. Eine Kostprobe lohnt sich aber definitiv.

▷ *Nordhessische Spezialität: eine zünftige Brotzeit mit Ahle Wurscht*

Empfehlenswerte Restaurants

18 [G1] **Brauhaus zum Rammelsberg** €-€€, Rammelsbergstraße 4, Tel. 3162730, www.zum-rammelsberg.de, geöffnet: Mo.–Sa. 17–24, So. 12–24 Uhr. Rustikale Brauhausstube mit gutbürgerlicher Küche und großen Portionen. Im Sommer lädt der schöne Biergarten zum Verweilen ein. Da das Brauhaus sehr beliebt ist, empfiehlt sich eine vorherige Reservierung.

19 [M2] **Da Toni** €-€€, Friedrich-Ebert-Straße 26, Tel. 12001, www.pizza-datoni.de, geöffnet: Mo. 10–22.45, Fr.–Sa. 10–23.30, So. 16–22.45 Uhr. Kleine Pizzeria, in der man sehr gemütlich sitzen kann, mit sehr aufmerksamer Bedienung und fairen Preisen. Auf das Essen muss man hier nicht lange warten. Pizzen sind in zwei verschiedenen Größen erhältlich. Leckerer Nachtisch mit üppigen Portionen.

20 [J2] **Da Vinci** €-€€, Lasallestraße 1, Tel. 7667620, www.davinci-kassel.de, geöffnet: Mo.–Sa. 17–23, So. 12–15 u. 17–22 Uhr. Traditionelle italienische Speisen zu bezahlbaren Preisen. Im Sommer kann man auf der stimmungsvollen Freiterrasse sitzen und es sich mit Vino, Pasta und neapolitanischer Pizza gut gehen lassen.

21 [J1] **Eberts** €-€€, Friedrich-Ebert-Straße 116, Tel. 7399230, www.eberts-kassel.de, geöffnet: tägl. 9–24 Uhr. Szenerestaurant im Jugendstilflair, das nicht nur zum Frühstücken einlädt, sondern auch mit leckeren Nudel- und Fleischgerichten überzeugt. Das Personal ist freundlich und zuvorkommend. Es empfiehlt sich eine vorherige Reservierung. Schöner Außenbereich, der im Sommer ebenfalls stark frequentiert ist.

22 [N3] **Eckstein** €-€€, Obere Königsstraße 4, Tel. 713300, www.eckstein-kassel.de, geöffnet: So.–Do. 12–22, Fr.–Sa. 12–23 Uhr. Bodenständige Speisen zu vernünftigen Preisen. Das Restaurant punktet vor allem mit seiner großen Auswahl an Schnitzelgerichten, die man in verschiedenen Größen bestellen kann. Aber auch Fisch- oder Pizzaliebhaber kommen hier auf ihre Kosten.

23 **Foster's Garden** €€-€€€, Eichwaldstraße 50, Tel. 552777, www.fosters-garden.de, geöffnet: Di.–Do. ab 17, Fr. ab 16, Sa. ab 15 Uhr. Krokodilsteak, Kängurufilet, Straußenburger: Wer schon immer mal exotische Fleischvarianten zu sich nehmen wollte, für den ist das im Osten Kassels gelegene australische Restaurant zu empfehlen. Schneller und freundlicher Service und üppige Auswahl bei den Speisen.

24 [N3] **Humboldt 1a** €€–€€€, Humboldt-
straße 1a, Tel. 76649755, www.hum
boldt1a.de, geöffnet: Mi.–Fr. 17.30–
22, Sa./So. 12–15 u. 17.30–22 Uhr.
Villenrestaurant mit guter internatio-
naler Küche und schöner Freiterrasse.
Neben der saisonalen Speisekarte werden täglich wechselnde Fischgerichte
und zusätzliche Vor- und Nachspeisen
angeboten.

26 [cj] **Kombinatsgaststätte „Zur Mar-
bachshöhe"** €, Amalie-Wündisch-Straße
3, Tel. 3167305, www.kombinatsgast
stätte-zur-marbachshöhe.de, geöffnet:
Mo.–Do. 11.30–14.30, Fr./Sa. 17–24

Uhr. Eine Reise in die Vergangenheit: In
dieser Gaststätte steht beim Ambiente
und den Speisen die DDR im Vordergrund. Zu günstigen Preisen kann man
hier typische Ost-Gerichte wie Soljanka,
Broiler und Schnitzel aus Jagdwurst
verzehren.

27 [O2] **Lê & Vi** €–€€, Opernstraße 2, Tel.
92029171, www.levi-kassel-gastro.de,
geöffnet: Mo.–Fr. 11–22, Sa. 12–22,
So. 15–22 Uhr. Das zentral gelegene
Restaurant ist eine Kombination der
Gar- und Grillküchen Südostasiens mit
der westlichen Esskultur. Modern eingerichtet, punktet es mit seinen reichhaltigen vietnamesischen Speisen und seinen Sushi-Variationen. Freundlicher und
zügiger Service.

28 [N2] **Lohmann** €–€€, Königstor 8, Tel.
7016875, www.lohmann-kassel.de,
geöffnet: So.–Fr. 11.30–15 u. 16.30–
22, Sa. 17–23 Uhr. Eine Institution in
Kassel: Bodenständige Küche mit fairen
Preisen und großen Portionen. Gemüt-

liche Holzeinrichtung mit gerahmten Fotos. Zudem ein schöner Biergarten mit 240 Plätzen.

🔴 **29** [G2] **Restaurant DuckDich** €€–€€€, Wilhelmshöher Allee 296, Tel. 312881, www.duckdich-kassel.de, geöffnet: tägl. von 18–23.30 Uhr. In dem Lokal kommen vor allem Steakfreunde auf ihre Kosten. Besonderes Highlight: Die Gerichte werden auf einem heißen Stein direkt am Platz zubereitet. So wird das Essen zu einem Erlebnis.

🔴 **30** [J3] **Suppenplantage** €, Wehlheider Platz 3, Tel. 99791263, www.suppen plantage-kassel.de, geöffnet: Mo.–Do. 11–19.30, Fr. 9–18.30 Uhr. Angesagtes Restaurant im Stadtteil Wehlheiden. Die Inhaberin setzt auf regionale und saisonale Produkte. Auch das Fleisch wird ausschließlich aus Bioproduktion bezogen. Neben leckeren Suppen gibt es zusätzlich wechselnde Tagesgerichte und Salate.

🔴 **31** [L2] **Voit** €€€, Friedrich-Ebert-Straße 86, Tel. 50376612, www.voit-restau rant.de, geöffnet: Di.–Sa. 18–21 Uhr. Das mit einem Michelin-Stern aus-gezeichnete Restaurant besticht mit Gerichten auf höchstem Niveau und einem zwanglos-offenen Einrichtungs-stil. Leckere und kreative Kombinationen werden serviert, allerdings sind sie auch nicht ganz günstig. Wer z. B. hervorra-

gend zubereitete Jakobsmuscheln oder Rindertatar essen möchte, ist hier an der richtigen Adresse.

🔴 **32** [K1] **Zum Lichtenhainer** €, Elfbuchenstraße 4, Tel. 5297800, www. lichtenhainer-kassel.de, geöffnet: Di.– Sa. 17–23.30 Uhr. Typische nordhes-sische Speisen wie Weckewerk, Ahle Wurscht, Kartoffelsuppe oder Duckefett werden in dem markanten Traditions-haus im Vorderen Westen aufgetischt – zu überaus moderaten Preisen.

Für den kleinen Hunger

❯ **Baguettski,** Königs-Galerie (s. S. 92), geöffnet: Mo.–Sa. 10–21 Uhr. Eine große Auswahl an frischen Baguettes, Salaten und Desserts zu fairen Preisen bietet die regionale Imbisskette Baguett-ski. Weitere Standorte in der Poststraße und der Wilhelmshöher Allee.

🔴 **33** [O1] **Becker's Grill-Spezialitäten,** Untere Königsstraße 47, geöffnet: tägl. 7–20 Uhr. Ein absoluter Kult-Imbiss in der Kasseler Innenstadt. Bratwurst, Schnitzel, Pommes, Burger: Wer es gerne deftig mag, ist hier auf jeden Fall an der richtigen Adresse.

🔴 **34** [O1] **BERTS' friterie,** Kölnische Straße 2, geöffnet: Mo.–Sa. 11.30–20 Uhr. Der Laden in der Innenstadt ist berühmt für seine leckeren Poutine-Kreationen. Dar-unter versteht man vereinfacht gesagt Pommes mit Käse und Bratensoße. Daneben gibt es weitere Imbiss-Klassi-ker wie Currywurst und Burger. Aber auch für Vegetarier und Veganer wird gesorgt.

🔴 **35** [M2] **Simply Toast,** Friedrich-Ebert-Straße 32–34, geöffnet: Mo.–Fr. 11.30–20, Sa./So. 13–20 Uhr. Mit regionalen Produkten punktet dieser Imbiss, der verschiedene Toastkreationen im Ange-bot hat, unter anderem mit Ahle Wurscht, Pulled Chicken und Pesto, aber auch vegane Varianten. Dazu gibt es Pommes und hausgemachte Dips.

◀ *Viele Cafés locken mit Sitzplätzen im Freien, die vor allem in den wär-meren Monaten sehr begehrt sind*

Lecker vegetarisch

✪36 [J2] **Bistro Hahn,** Pestalozzistraße 10, Tel. 47453272, www.bistro-hahn. de, geöffnet: Di.–Sa. 9.30–21 u. So. 9.30–18 Uhr. In diesem Bistro können die Gäste in netter Atmosphäre zwischen verschiedenen vegetarischen und ayurvedischen Speisen auswählen. Auf Wunsch werden fast alle Gerichte auch vegan zubereitet.

Für den späten Hunger

✪37 [L2] **Marmara,** Friedrich-Ebert-Straße 66, Tel. 713375, geöffnet: Mo.-Do. 10-22 Uhr, Fr./Sa. 10-3 Uhr, So. 12–21 Uhr. Dieser beliebte türkische Imbiss ist die richtige Lokalität, um sich abends noch den Bauch vollzuschlagen. An Wochenenden ist bis 3 Uhr nachts geöffnet.

Dinner for One

✪38 [K2] **Café Buch-Oase,** Germaniastraße 14, Tel. 0176 22726511, www. cafebuchoase.de, geöffnet: Di.–Sa. 12–19, So. 10–19 Uhr. In netter Atmosphäre in aller Ruhe ein Buch aus der hauseigenen Bibliothek lesen oder gratis im Netz surfen, das ist in diesem beschaulichen Café im Vorderen Westen möglich. Neben fair gehandeltem Kaffee gibt es hier auch einige Speisen wie Bio-Kuchen, Salate und Suppen. Bei schönem Wetter lädt der Hinterhof zum Entspannen ein. Darüber hinaus finden hier auch regelmäßig Kulturveranstaltungen wie Lesungen, Konzerte und Vorträge statt.

Lokale mit guter Aussicht

✪39 [N3] **Grimms Garten,** Weinbergstraße 21, Tel. 81045460, www.grimmsgarten.net, geöffnet: Di.–Fr. 16–22, Sa./So. 13–22 Uhr. Hinter der Grimmwelt kann man in diesem Biergarten zwischen Mai und September bei einem kühlen Getränk den schönen Ausblick auf die Kasseler Südstadt genießen.

✪40 [Q1] **Inselrestaurant Finkenherd** €-€€, Weserstraße 6a, Tel. 7393453, www. finkenherd-kassel.de, geöffnet: April–September tägl. 11–24 Uhr, in den Wintermonaten ist Montag Ruhetag. Auf der kleinen Fuldainsel in der Nähe des Altmarkts gelegen, genießen die Gäste auf der Terrasse einen hervorragenden Blick auf den Fluss. Gut besuchtes Restaurant mit einer großen Auswahl an Grillspezialitäten.

✪41 [fj] **Riverside** €, Auedamm 15, Tel. 8164598, www.riverside-kassel.de, geöffnet: Di.–So. ab 11 Uhr. Beliebtes Restaurant mit gutbürgerlicher Küche, das mit einer schönen Sonnenterrasse lockt, von der man direkt auf die Fulda schaut.

Cafés

✪42 [O2] **Café Bach,** Theaterstraße 1, Tel. 81043709, www.patisserie-bach.de, geöffnet: täglich 10–18 Uhr. Ideal für Schleckermäuler: Kleines Café mit einer vorzüglichen Auswahl an hausgemachten Torten, Kuchen und Pralinen. Meist sehr gut besucht, sodass man ein wenig Wartezeit einkalkulieren muss, ehe man einen freien Tisch ergattern kann.

✪43 [fg] **Café Hurricane,** Gottschalkstraße 38, Tel. 898072, www.hurricane-cafe. de, geöffnet: tägl. ab 9 Uhr. Beliebtes Studentenlokal in der Nähe der Universität mit preiswerten Gerichten und großen Portionen. Eine Mischung aus Café und Bistro.

✪44 [L2] **Café Lange,** Friedrich-Ebert-Straße 72, Tel. 17138, www.cafelange. de, geöffnet: Mo.–Fr. 6–21, Sa. u. So. 7–21 Uhr. Traditionelles, stets gut besuchtes Café im Vorderen Westen mit vielen frisch zubereiteten Torten. Ganztägig kann man hier zwischen verschiedenen Frühstücksangeboten wählen.

45 [O2] **Café Nenninger,** Friedrichsplatz 8, Tel. 7661690, www.cafe-nenninger.de, geöffnet: Mo.–Fr. 8–19, Sa. 9–19.30, So. 9.30–19 Uhr. Mit seiner mehr als 100-jährigen Geschichte gehört das Café Nenninger zu den Traditionshäusern in Kassel. Modern eingerichtet und mit einer großen Auswahl an Torten und einem reichhaltigen Frühstücksbüfett.

46 [fh] **Café Nordpol,** Gottschalkstraße 12, Tel. 85522, www.cafe-nordpol.eatbu.com, geöffnet: tägl. 9–1 Uhr. Beliebtes Café im Univiertel der Stadt mit zahlreichen Frühstücksangeboten. Aber auch Pasta, Pizza oder andere Gerichte stehen auf der Karte. Eine vorherige Reservierung empfiehlt sich.

47 [O2] **Die Kaffeerösterin,** Wilhelmsstraße 31, Tel. 50357400, www.diekaffeeroesterin.de, geöffnet: Mo.–Sa. 10–18 Uhr. Die Inhaberin präsentiert in dem hell eingerichteten Café, in dem es nach frisch gerösteten Bohnen duftet, eine große Auswahl an verschiedenen Kaffeevariationen aus der ganzen Welt. Pralinen aus regionaler Erzeugung, Aufstriche, Becher und Kaffeezubehör können ebenfalls erworben werden.

48 [O2] **Melchior Coffee,** Neue Fahrt 15, Tel. 81641886, www.melchior-kassel.com, geöffnet: Mo.–Fr. 7.30–19, Sa. 8.30–19 Uhr. Der kleine Laden punktet mit seinen vielfältigen, leckeren Kaffeevariationen.

49 [O2] **Stadtcafe,** Obere Königsstraße 41, Tel. 9372215, geöffnet: Mo.–Sa. 9–19 Uhr, So. 9–18 Uhr. Zentraler geht es kaum: Das Stadtcafe ist die ideale Anlaufstelle, um sich nach einer Shoppingtour in der City mit einem Kaffee oder mit einem Stück Kuchen zu verwöhnen. Im Sommer kann man im Außen-

bereich das Treiben in der Innenstadt beobachten.

50 [J1] **Westend Café,** Elfbuchenstraße 18, Tel. 9201122, geöffnet: Di.–Sa. 9–18 Uhr, So. 10–18 Uhr. Gemütliches, alternatives Café, das etwas versteckt im Vorderen Westen gelegen ist und vor allem bei Studenten beliebt ist. Der Kaffee im Westend hat Bio-Qualität und wird fair gehandelt.

Kollektivcafé Kurbad

KLEINE PAUSE

Im Café im Kurbad Jungborn, das mit einer Terrasse direkt an der Fulda lockt, steht der Gemeinschaftsgedanke im Vordergrund. Es wird von einem Kollektiv betrieben, die Arbeit untereinander möglichst solidarisch, selbstbestimmt und hierarchiefrei organisiert. Darüber hinaus sind die Preise für Kaffee, Kuchen und Snacks äußerst fair – laut Wunsch der Betreiber soll es vielen Menschen ermöglicht werden, das Kollektivcafé als Ort des sozialen Austauschs und als Treffpunkt für gemütliche Kaffeepausen zu nutzen. Für Gäste, die momentan knapp bei Kasse sind, gibt es sogar ein Glas mit etwas Geld, aus dem sie sich bedienen können, um ihre Rechnung zahlen zu können. Vertrauen und Solidarität werden hier großgeschrieben. Die Getränke und Speisen, die angeboten werden, kommen größtenteils aus biologischer Herstellung und es gibt ein breites Angebot für Vegetarier und Veganer. Daneben dienen die Räumlichkeiten auch als Ort für kulturelle und politische Veranstaltungen und Konzerte.

51 [P2] **Kollektivcafé Kurbad,** Sternstraße 20, Tel. 47555960, www.kollektivcafe-kurbad.org, geöffnet: Mo. u. Do.–So. 13–19 Uhr

Smokers' Guide

Die deutschen Nichtraucherschutzgesetze gelten selbstverständlich auch in Kassel. Das Rauchen in Gaststätten, Kneipen oder Klubs ist nur in speziell ausgewiesenen Räumen möglich. Nichtsdestotrotz gibt es einige Lokale, die explizit als Raucherkneipen ausgewiesen sind. Dazu zählt neben Joe's Garage (s. S. 90) u. a. Bohemia.

In anderen Lokalen gibt es abgetrennte Räume oder eine Veranda, wo geraucht werden darf. Mitten im Zentrum ist die Raucherlounge von **The Hemingway Club** (s. S. 90) zu nennen. Sehr gut essen kann man im Bistro Mistral, das ebenfalls einen separaten Raucherbereich bietet.

Besonders urig ist auch die Alt-Berliner Destille, die freitagabends mit Livemusik lockt und über einen Raucherbereich mit Theke verfügt.

🕐**52** [L2] **Bohemia**, Friedrich-Ebert-Straße 60, Tel. 16391, www.bohe mia-kassel.de, geöffnet: Mo.–Do. 11–24, Fr./Sa. 11–4 Uhr. Seit der Gründung im Jahr 1982 hat sich das Lokal zu einer Szenekneipe mit regelmäßigen Partys und weiteren Veranstaltungen entwickelt.

🕐**53** [K4] **Bistro Mistral** €–€€, Schönfelder Straße 54, Tel. 9219998, www.bistro-mistral.de, geöffnet: tägl. von 17–24 Uhr. Südfranzösisches Bistro, das kleinere Gerichte wie geröstete Baguettescheiben, Suppen und Crêpes anbietet, darüber hinaus aber auch verschiedene Salate, Pasta, Steaks und Fischspeisen auf der Karte hat.

🕐**54** [H2] **Alt-Berliner Destille**, Wilhelmshöher Allee 258, Tel. 312471, www.altberlinerdestille. de, geöffnet: Mo.–Fr. ab 18, Sa./So. ab 19 Uhr

Kassel am Abend

In entspannter Atmosphäre ein paar Kaltgetränke zu sich nehmen, bei wummernder Musik das Tanzbein schwingen oder kulturell anregende Stunden im Theater verbringen: Auch am Abend kommt in Kassel keine Langeweile auf. Wenn die Sonne untergeht, gibt es in der Stadt viel zu entdecken. Zahlreiche exzellente Bars und Kneipen, angesagte Klubs und weitere empfehlenswerte Anlaufpunkte sorgen für ein vielschichtiges Nachtleben, das sich vielleicht nicht mit den Angeboten in Städten wie Berlin oder Hamburg messen kann, aber vielerlei Interessen bedient und kaum einen Wunsch offenlässt.

Biergärten

🕐**55** [J4] **Backstube**, Kochstraße 16, Tel. 27629, www.backstube-kassel.jimdo. com, geöffnet: tägl. ab 17 Uhr. Uriger Biergarten im Stadtteil Wehlheiden mit angrenzendem Spielplatz. Das bei Jung und Alt beliebte Ausflugslokal lockt mit Getränken zu fairen Preisen und einem kleinen Speiseangebot am Grillstand (Bratwurst, Steaks, Salate). In der kalten Jahreszeit verwandelt sich der Biergarten in einen Wintergarten, in dem unter anderem Glühwein und Winterbier serviert wird.

🕐**56** [B2] **Kaskadenwirtschaft Grischäfer**, Am Schloßpark 22, Tel. 2887744, www. kaskaden-wirtschaft.de, geöffnet: April–November Di.–So. 12–18 Uhr. Abweichende Öffnungszeiten in den Wintermonaten. Exzellente Lage am Fuße der Kaskaden im Bergpark. Der wunderschöne Biergarten lädt zum Verweilen ein und das nett eingerichtete Restaurant bietet eine saisonale Speisekarte mit regionalen Produkten. Beliebt ist das Wintergrillen, das zwischen Januar und März immer sonntags mit Leckereien lockt.

⊖**57** [P2] **Rondell,** Johann-Heugel-Weg, Tel. 015778945853, www.rondell-kassel.de, geöffnet: April–Oktober Mo.–Sa. ab 16, So. ab 12.30 Uhr. Im 16. Jahrhundert wurde das Rondell an der Fulda als Geschützturm errichtet. Auf der Plattform befindet sich mittlerweile ein beliebter und gepflegter Biergarten, der auch über einen Sandkasten für die Kleinen verfügt. Bei einem kühlen Getränk bietet sich den Gästen ein schöner Blick auf die Fulda.

Livemusik und Kneipen

⊙**58** [M2] **Bar Seibert,** Friedrich-Ebert-Straße 47, Tel. 69022715, www.barseibert.de, geöffnet: tägl. 17–1 Uhr. Stilvoll und modern eingerichtete Cocktailbar, die 2017 zu einer der besten ihrer Art in Deutschland gewählt wurde. Neben einer Vielzahl an Cocktails werden hier auch einige Speisen angeboten. Regelmäßige Musik- oder Comedy-Veranstaltungen runden das Angebot ab.

⊖**59** [P1] **Braumanufaktur Steckenpferd,** Kastenalsgasse 8, Tel. 92011470, www. braumanufaktur-steckenpferd.de, geöffnet: Mi.–Sa. 17–22 Uhr. In einer ehemaligen Metzgerei am Pferdemarkt wird seit einigen Jahren Craft Beer gebraut. Das Aushängeschild der Brauerei ist eine gemütlich eingerichtete Bar, in der nicht nur das Bier, sondern auch selbst angesetzte Liköre, Schnäpse und Limonaden über den Tresen gehen.

⊙**61** [N1] **Gleis 1,** Rainer-Dierichs-Platz 1, Tel. 7664240, www.gleis1.eu, geöffnet: Mo.–Do. 11.30–23, Fr. 11.30–2 Uhr, Sa. und So. regelmäßig Veranstaltungen und Partys. Im Kulturbahnhof gelegen, überzeugt das Gleis 1 mit seiner modernen Einrichtung, einer großen Auswahl an Cocktails und zahlreichen Veranstaltungen (Salsa-Kurse, Comedy-Nächte etc.).

▭ *Das Gleis 1 im Kulturbahnhof ist Restaurant, Lounge und Bar in einem*

050ka-cl

⊖**62** [L2] **Joe's Garage,** Friedrich-Ebert-Straße 60, Tel. 18686, www.joesgarage.de, geöffnet: Mo.–Do. 11–1, Fr. 11–3, Sa. 12–4, So. 12–1 Uhr. Eingerichtet im Stil einer amerikanischen Autowerkstatt mit Zapfsäulen und Sitzen aus Cadillac-Teilen, werden in dieser kultigen Raucherkneipe regelmäßig legendäre Konzerte und Partys veranstaltet.

⊖**63** [fg] **Mutter,** Bunsenstraße 15, Tel. 894278, geöffnet: Di.–Do. 21–3, Fr./Sa. 22–4 Uhr. Die Szenekneipe ist in der Nordstadt nicht mehr wegzudenken. In der alternativen und eher schrillen Bar werden die härteren Töne gespielt – sprich Punk und Trash. Die Mutter ist bekannt für den leckeren Schnaps „Mexikaner", der genau wie die anderen Getränke zu sehr fairen Preisen ausgeschenkt wird.

⊘**64** [N3] **The Hemingway Club,** Obere Königsstraße 8, Tel. 8166442, www.thehemingwayclub.de, geöffnet: Mo.–Do. 18–1, Fr.–Sa. 18–2 Uhr. Charmante Kellerbar unter dem Rathausgebäude mit einer großen Auswahl an ausgezeichnet schmeckenden Cocktails. Happy Hour täglich zwischen 18 und 20 Uhr.

⊖**65** [M2] **The Shamrock,** Bürgermeister-Brunner-Straße 19, Tel. 2028630, www.irishpubkassel.de, geöffnet: Mo.–Mi. 17–2, Do. u. Fr. 17–3, Sa. 14–3, So. 14–2 Uhr. Gemütlicher Pub mit sehr langen Öffnungszeiten. Große Auswahl an irischen Bieren und anderen Alkoholika. Vor allem am Wochenende wird häufig Livemusik gespielt, zudem gibt es unter der Woche wechselnde Aktionen wie den Quizabend am Montag und Karaoke am Donnerstag. Großer Raucherraum, in dem sich auch ein Billardtisch befindet.

⊖**66** [K2] **Ulenspiegel,** Goethestraße 30, Tel. 777887, www.ulenspiegel.de, geöffnet: Mo.–Do. u. So. 16.30–1, Fr./Sa. 16.30–2 Uhr. Urige, stets gut besuchte Kneipe mit günstigen Preisen und einer kleinen Auswahl an Speisen. Im Winter ist der „Glühweingarten" im Ulenspiegel ein echter Publikumsmagnet.

Theater, Konzerte und Varieté

⊖**67** [M2] **Komödie,** Friedrich-Ebert-Straße 39, Tel. 18383, www.komoedie-kassel.de. Hier bleibt kein Auge trocken: Die Komödie ist ein gemütliches, kleines Theater mit 163 Sitzplätzen. Neben Gastspielen aus den Bereichen Comedy und Kabarett gibt es jedes Jahr auch mehrere Eigenproduktionen.

⊖**68** [dh] **Kongress Palais,** Holger-Börner-Platz 1, Tel. 707702, www.kongresspalais.de. Die zwischen 1911 und 1914 erbaute monumentale Stadthalle Kassels mit ihrer beeindruckenden Säulenfassade ist der Austragungsort vieler Konzerte von hochrangigen Künstlern. Von Klassik bis Jazz, Pop und Rock kommen Musikliebhaber hier auf ihre Kosten. Darüber hinaus gibt es in den historischen Sälen auch Musicals, Comedy-Veranstaltungen und andere Shows zu sehen.

●**69** [fg] **Kulturzentrum Schlachthof,** Mombachstraße 10–12, Tel. 2207120, www.

schlachthof-kassel.de. Neben Beratungs- und Bildungsangeboten für Migranten und einer umfassenden Jugendarbeit bietet das Kulturzentrum in der Nordstadt auch ein vielfältiges Veranstaltungsprogramm. Die mehr als 200 Events pro Jahr im ehemaligen Schlachthof umfassen sowohl Konzerte als auch Lesungen, Kleinkunst und Theaterabende.

⓭ [P2] **Staatstheater.** Ein Kulturbetrieb der Superlative: Das Staatstheater ist ein Dreispartenhaus mit Oper, Studiobühne und Schauspielhaus. Der größte Theaterbetrieb der Stadt sorgt dadurch für ein umfassendes kulturelles Angebot, das kaum einen Wunsch offenlässt (s. S. 40).

↻71 [N1] **theater im centrum,** Akazienweg 24, Tel. 7018722, www.theaterimcentrum.de. In der Stadt eigentlich nur als „tic" bekannt, begeistert das freie Musicaltheater seit seiner Gründung im Jahr 2003 mit seinen ausgefallenen Stücken, seinen Lieder- und Tanzabenden sowie Jazz- und Kammerkonzerten das Publikum. Das schnuckelige Theater mit familiärer Atmosphäre, das in den einstigen Gemeinderäumen einer Kirche beheimatet ist, bietet 171 Sitzplätze.

↻72 [N2] **Theaterstübchen,** Jordanstraße 11, Tel. 8165706, www.theaterstuebchen.de. Mit seinen Theateraufführungen, Jazz- und Blues-Konzerten sowie Disco-Abenden hat sich das Theaterstübchen in den vergangenen Jahren zu einem Szenetreff im kulturellen Leben der Stadt entwickelt. Ein Highlight ist der vom Theaterstübchen mitorganisierte Jazz-Frühling mit zahlreichen Konzerten im März.

Kino

🎬73 [K2] **Filmladen,** Goethestraße 31, Tel. 707650, www.filmladen.de.

🎬74 [N2] **Gloria,** Friedrich-Ebert-Straße 3, Tel. 7667950, www.gloriakino.de

Klubs, Discos und Co.

↻75 [L2] **Club 22,** Friedrich-Ebert-Straße 61A, Tel. 7397919, www.club22-kassel.de, geöffnet: Fr. 23–5, Sa. 22–5 Uhr. Nachfolger des legendären Club 21. Modern eingerichtete Location mit zwei Etagen. Einlass erst ab 21 Jahren.

↻76 [N1] **Lolita Bar,** Werner-Hilpert-Straße 22, Tel. 7660428, https://lolitabar.de, geöffnet: Di., Mi., Fr., Sa. ab 21 Uhr. Früher eine Oben-ohne-Bar, hat sich die Lolita Bar in den vergangenen Jahren zu einer Perle der Subkultur entwickelt. In lockerer und kuscheliger Atmosphäre kann man hier feiern, kickern und zu fairen Preisen Getränke zu sich nehmen.

↻77 **Musikpark A7,** Miramstraße 74, Tel. 95380340, www.musikpark-a7.de, geöffnet: Fr. u. Sa. 23–5 Uhr. Die angesagte Großraumdisco, im Norden der Stadt in der Nähe der Autobahn gelegen, gilt als der größte Partyklub in Nordhessen. Auf mehreren Floors wird hier bis zum frühen Morgen ausgelassen getanzt und gefeiert. Sehr beliebt ist die Mausefalle, ein Raum im Stil einer alpenländischen Après-Ski-Hütte, in der Musik aus den 1990er- und 2000er-Jahren erklingt.

↻78 [N3] **York,** Obere Königsstraße 4, Tel. 7397919, www.york-kassel.de, Öffnungszeiten variieren je nach Event, oftmals Fr./Sa. 23–5 Uhr. Hipper Klub mitten in der Innenstadt mit zumeist etwas jüngerem Publikum. Verschiedene Events mit unterschiedlichen Musikrichtungen und Angeboten.

◁ *In uriger Atmosphäre ein paar Guinness trinken kann man sehr gut im Irish Pub The Shamrock*

Kassel für Shoppingfans

Kassel hat für jeden Geschmack etwas zu bieten: Die zahlreichen Einkaufsmöglichen im Stadtgebiet sorgen dafür, dass die komplette Bandbreite an interessanten, originellen, witzigen, exklusiven oder auch preiswerten Artikeln abgedeckt wird. Zweifelsohne ist die **Königsstraße** [N3–O1] der zentrale Anlaufpunkt, wenn es ums Shoppen geht. Mehrere Hundert Fachgeschäfte reihen sich hier aneinander, bei deren Angebot vom schicken Abendkleid über legere Sportkleidung, Brillen, Mäntel und Hüte bis zu Accessoires kaum ein Wunsch offenbleibt. Entlang dieser Flaniermeile sind in direkter Nähe auch die drei **Einkaufszentren** Königs-Galerie, City Point und Kurfürsten-Galerie zu finden, die nicht nur mit vielen Geschäften, sondern auch mit ihrem gastronomischen Angebot punkten.

Sind in der **Unteren und Oberen Königsstraße** in erster Linie bekannte Ketten beheimatet, befindet sich nur wenige Meter entfernt das **Quartier Wilhelmsstraße**, das sich durch diverse **inhabergeführte Geschäfte** auszeichnet, die teilweise eine recht lange Tradition aufweisen. Dieses Viertel, das die Wilhelmsstraße mitsamt der angrenzenden Straßen Wolfsschlucht, Opernstraße, Neue Fahrt, Garde-du-Corps-Straße und Seidlerstraße umfasst, präsentiert sich als Kassels feine Meile, die im Gegensatz zur doch etwas trubeligen Königsstraße etwas mehr Ruhe bietet. Die ansässigen Händler, Gastronomen und Dienstleister haben sich dabei zu einem Verein zusammengeschlossen, der seit 1976 die Interessen des Quartiers vertritt und das Ziel verfolgt, es zum Aushängeschild der Innenstadt zu machen.

Shoppingareale
Die wichtigsten Shoppingbereiche der Stadt sind im Kartenmaterial mit einer rötlichen Fläche markiert.

Besonderen Charme versprüht auch der **Vordere Westen** ㉔. Zahlreiche stilvolle Boutiquen, Antiquitätengeschäfte, gut ausgestattete Buchläden und eine Reihe weiterer Anlaufpunkte laden auf der **Friedrich-Ebert-Straße** [J–N2] zum Flanieren und Bummeln ein. Wer auf der Suche nach etwas Individuellem ist, sollte sich auf jeden Fall die Zeit nehmen, Kassels kreativstes Viertel zu erkunden.

Einen guten Überblick über die verschiedenen inhabergeführten Geschäfte in der Stadt bietet die Website **www.kasselgehtshoppen.de**, eine Informationsplattform zur Unterstützung des regionalen Einzelhandels, auf der die Läden mitsamt Adresse, Öffnungszeiten und Telefonnummern vorgestellt werden.

Einkaufszentren

79 [O1] **City Point**, Königsplatz 61, Tel. 701300, www.city-point-kassel.de, geöffnet: Mo.–Sa. 9.30–20 Uhr. In dem Einkaufszentrum in der Innenstadt gibt es eine große Auswahl an beliebten Marken. Großer Food-Court im dritten Stock, zudem Tiefgarage mit 220 Stellplätzen.

80 [ek] **dez Einkaufszentrum**, Frankfurter Straße 225, Tel. 475960, www.dez.de, geöffnet: Mo.–Sa. 9.30–20 Uhr. Verkehrsgünstig an der A49 gelegenes Einkaufszentrum in Niederzwehren mit beinahe 100 Shops und Gastronomiebetrieben auf einer Etage. 1400 kostenlose Parkplätze.

81 [O2] **Königs-Galerie**, Obere Königsstraße 39, Tel. 700080, www.koenigs

galerie.de, Mo.–Do.8–22 Uhr, Fr./Sa. 8–23 Uhr, So. 11–22 Uhr. Die Einkaufsgalerie mitten im Herzen von Kassel verfügt über rund 60 Geschäfte, Gastronomiebetriebe und andere Dienstleister. Zudem punktet sie mit ihrer einzigartigen Architektur, unter anderem mit einer 22 Meter hohen gläsernen Dachkuppel.

🔴**82** [O1] **Kurfürsten-Galerie,** Mauerstraße 11, www.kurfuersten-galerie.de, geöffnet: Mo.–Fr. 10–19, Sa. 10–17 Uhr. Rund 40 Geschäfte bieten auf drei Etagen die Möglichkeit, nach Herzenslust zu shoppen.

Bücher

🔴**83** [H2] **Brencher Buchhandlung,** Wilhelmshöher Allee 273, Tel. 35643, www.buchhandlung-wilhelmshoehe.de, geöffnet: Mo.–Fr. 9–19, Sa. 9–14 Uhr. Gut ausgestattete Buchhandlung mit regelmäßigen Lesungen. Neben Büchern gibt es hier auch viele nordhessische Souvenirs wie Poster, Beutel und Buttons mit regionalen Sprüchen zu kaufen.

🔴**84** [J1] **Buchhandlung am Bebelplatz,** Friedrich-Ebert-Straße 130, Tel. 14433, www.bebelplatz.de, geöffnet: Mo.–Fr. 9–19, Sa. 9–14.30 Uhr. Eine Institution im Vorderen Westen mit kompetenten Mitarbeitern und einem großen Sortiment. Regelmäßige Veranstaltungen wie Krimi-Abende, Autorenlesungen und Kinderaktionen.

🔴**85** [N2] **Hofbuchhandlung Vietor,** Ständeplatz 17, Tel. 13085, www.hof buchhandlung-vietor.buchkatalog.de, geöffnet: Mo.–Fr. 9.30–18, Sa. 9.30–16 Uhr. Die Wurzeln der zentral gelegenen Buchhandlung reichen bis weit ins 19. Jahrhundert zurück.

> *Allerhand witzige Souvenirs findet man im Sortiment von Kramer Schupp*

Souvenirs

Eine große Auswahl an Souvenirartikeln wird in den beiden Touristeninformationen (s. S. 116) in der Wilhelmsstraße und im Bahnhof Wilhelmshöhe angeboten. Zudem sind Kramer Schupp mit seinen zahlreichen ausgefallenen Produkten und Glücksgriff@home in der Innenstadt zu empfehlen.

🔴**86** [O2] **Glücksgriff@home,** Treppenstraße 10, Tel. 83099621, www. gluecksgriff-kassel.de, geöffnet: Mo.–Sa. 10.30–18.30 Uhr. Liebevoll eingerichteter Laden mit diversen Souvenirs, darunter unter anderem Honig, Magnete und Spielkarten.

🔴**87** [N2] **Kramer Schupp,** Wolfsschlucht 8, Tel. 92075760, www.kramerschupp. de, geöffnet: Mo., Di., Do. u. Fr. 11–18, Mi. 11–15, Sa. 11–16 Uhr. Mit viel Liebe zum Detail eingerichtet, werden hier allerhand kleine, witzige Produkte verkauft. Darunter auch einige Kassel-Souvenirs wie Taschen mit Sprüchen, Kaffeebecher mit Waschbären-Aufdruck sowie Spielkarten und Flaschenöffner.

053ka-cl

Ein Besuch beim Stadtimker

Aus einem ehemaligen Ort des Schreckens und der Trauer hat **Victor Hernández** in den vergangenen Jahren einen beliebten Anlaufpunkt für Honigfreunde gemacht. In einem Internetcafé in der Holländischen Straße wurde Halit Yozgat im April 2006 von den Rechtsterroristen der NSU erschossen – als neuntes und letztes Opfer, die bei der Mordserie des Nationalsozialistischen Untergrunds ums Leben kamen. An der Stelle, an der sich dieses Internetcafé befand, betreibt der Imker Hernández seit 2016 seinen Laden, der jeden Donnerstag von 9 bis 19 Uhr geöffnet hat.

Seine **Bienenvölker** leben auf Dächern in der ganzen Stadt, darunter auf dem des Staatstheaters, der Kurfürsten-Galerie und des Kurpark-Hotels. Die Produkte des Imkers, der 2010 damit begann, sich mit Bienen zu beschäftigen, wurden **schon** häufiger prämiert: 2014 wurde sein Honig als bester von ganz Hessen ausgezeichnet, wenig später erhielt er den **Naturschutzpreis der Stadt Kassel**. Hernández liegt **soziales Engagement** am Herzen: Der Imker informiert nicht nur bei Projekten für Kinder über seine Arbeit und die Wichtigkeit von Bienen, sondern hat auch Kooperationen mit sozialtherapeutischen Einrichtungen und der JVA ins Leben gerufen.

Wer durch den Laden des Imkers geht, findet alles, was mit Bienen zu tun hat: von Büchern über Kosmetik bis hin zu Wachs, Pollen, Senf, Likör und selbstverständlich zahlreichen Sorten Honig. Auch in vielen anderen Läden in der Stadt sind die Produkte erhältlich.

🔒88 [fg] **Kasseler Stadthonig**, Holländische Straße 82, Tel. 40701177, www.kassel-stadthonig.de, geöffnet: Do. 9–19 Uhr

054ka-fe

Süßes

🔴**89** [H2] **Bon Pâtis,** Landgraf-Karl-Straße 3, Tel. 49940040, www.bonpatis.de, geöffnet: Mo.–Fr. 10–18, Sa. 10–14 Uhr. Angelehnt an eine französische Patisserie werden in dem 2018 eröffneten Laden köstliche Kunstwerke wie Petit Fours, Torten, Tartes und Gebäck verkauft. Den Konditorinnen kann man dabei sogar bei der Zubereitung der Leckereien zuschauen.

🔴**90** [L2] **Pralinenwerkstatt,** Friedrich-Ebert-Straße 85, Tel. 2887311, www.pralinenwerkstatt.de, geöffnet: Mo.–Sa. 10–18 Uhr. Handgemachte Macarons, Eclairs, Törtchen und Pralinen: Bei dieser Auswahl sollte man die Kalorien lieber nicht zählen. Wenn man lernen will, die süßen Spezialitäten selbst herzustellen, kann man in der Pralinenwerkstatt auch einen Kurs belegen.

Antiquitäten und Kunst

🔴**91** [L2] **Antik Prior,** Friedrich-Ebert-Straße 85, Tel. 773588, geöffnet: Mo.–Fr. 10–13 u. 15–18, Sa. 10–13 Uhr. Lampen, Gemälde, Uhren, Möbel, Porzellan: Dieses Antiquitätengeschäft beherbergt so manches Schätzchen und lädt zum gemütlichen Stöbern ein.

🔴**92** [G2] **Kunstgalerie Ramex,** Lange Straße 87a, Tel. 719539, www.ramex.de, geöffnet: Mi.–Fr. 10–18 Uhr, Sa. 10–13 Uhr. In der etwas versteckt gelegenen Galerie werden Arbeiten von nationalen und internationalen Künstlern mit dem Schwerpunkt Malerei, Grafik und Skulptur präsentiert. Darüber hinaus gibt es eine große Auswahl an Kasseler Stadtansichten.

🔴**93** [N2] **Kunsthandlung Heinzel,** Opernstraße 9, Tel. 15879, www.kunsthandlung-heinzel.de, geöffnet: Mo.–Fr. 10–13 u. 14–18 Uhr, Sa. 10–13 Uhr. Gemälde und Grafiken berühmter Künstler wie Max Liebermann, Joseph Beuys und Friedensreich Hundertwasser findet man in dieser 1965 eröffneten Kunsthandlung. Der Schwerpunkt liegt zum einen auf der Kunst um 1900, zum anderen gibt es eine große Auswahl an Werken, die nach dem Zweiten Weltkrieg entstanden sind.

Wein und Hochprozentiges

🔴**94** [K4] **Hospitals-Kellerei,** Heinrich-Heine-Straße 91A, Tel. 23898, www.hospitals-kellerei.de, geöffnet: Mo.–Fr. 9–18 Uhr, Sa. 9–13 Uhr. Mittlerweile in dritter Generation geführt, umfasst das Sortiment des Geschäfts nicht nur mehr als 800 Sorten Wein, sondern auch zahlreiche andere Alkoholika wie Whiskey, Gin und Tequila.

🔴**95** [cg] **Korkhaus,** Ahnatalstraße 2, Tel. 50379736, www.kork-haus.de, geöffnet: Di./Mi. u. Fr. 12–19, Do. 12–22, Sa. 10–16 Uhr. Weinhandlung mit Event-Charakter: Hier werden nicht nur hochwertige Tropfen in jedem Preissegment verkauft, sondern auch besondere Aktionen veranstaltet. Jeden Donnerstagabend verwandelt sich das Korkhaus in eine gemütliche Weinbar, in der auch kulinarische Köstlichkeiten gereicht werden.

🔴**96** [J2] **Schluckspecht,** Wilhelmshöher Allee 118, Tel. 12628, www.schluckspecht.de, geöffnet: Mo.–Fr. 10–19, Sa. 9–18 Uhr. In einer alten Villa aus der Gründerzeit beheimatet, werden in dem Geschäft Qualitätsweine aus der ganzen Welt angeboten. Regelmäßig gibt es auch Weinproben.

◁ *Ein Leben für die Bienen: Stadtimker Victor Hernández*

Stets gut besucht:
der Wehlheider Wochenmarkt

Märkte und Flohmärkte

97 [fk] **Antik- und Trödelmarkt in den Messehallen,** Damaschkestraße 55. An einem Wochenende im Monat findet in den Hallen 1 und 2 sowie am Freigelände der Messehallen ein großer Flohmarkt für Antik- und Trödelware statt.

❯ **Innenstadtflohmarkt,** Friedrichsplatz ❷. Von April bis Oktober kann man in der Innenstadt an jedem ersten und dritten Samstag im Monat von 9 bis 16.30 Uhr bummeln, stöbern und auf Schatzsuche gehen.

98 [J3] **Wehlheider Wochenmarkt,** Wehlheider Platz 1, geöffnet: Fr. 8–13 Uhr. Auf dem gut besuchten Markt gibt es unter anderem Blumen, Gemüse, Honig, Fleisch und Brot zu kaufen.

Kassel zum Träumen und Entspannen

Die zahlreichen Parkanlagen in Kassel bieten beste Voraussetzungen, um abzuschalten und die Seele baumeln zu lassen. Allen voran ist hier der **Bergpark Wilhelmshöhe** (s. S. 60) zu nennen, dessen malerische Kulisse zum stundenlangen Erkunden einlädt. Auf einer Fläche von **2,4 Quadratkilometern** kann man hier in aller Ruhe spazieren, die zahlreichen historischen Bauten bestaunen, den wunderbaren Ausblick über die gesamte Stadt genießen oder sich eine Pause am Lac ❷❻ genehmigen und dort die preisgekrönte Rosenanlage ansehen.

Möchte man dem Trubel in der Innenstadt entfliehen, erreicht man wenige Gehminuten entfernt den **Staatspark Karlsaue** (s. S. 41), der als grüne Lunge der Stadt gilt. Die barocke Anlage mit ihren Teichen, Seen und Gräben lädt auf 150 Hektar zum Spazieren und Entdecken ein.

Zwar ist er aufgrund seines besonderen Flairs bei Kasselern und Touristen gleichermaßen beliebt, dennoch bringt es die Weitläufigkeit des Parks mit sich, dass man auch für sich allein sein kann. Man kann den Planetenwanderweg (s. S. 43) beschreiten, einen Blick auf die romantische Schwaneninsel werfen und die Blütenpracht auf der Blumeninsel Siebenbergen ❶❻ begutachten.

Direkt an den Staatspark angrenzend erstreckt sich das große Naturschutzgebiet der Ende der 1970er-Jahre für die Bundesgartenschau angelegten **Fuldaaue** [fj] mit dem **Buga-See** (s. S. 123) – ein beliebtes Areal, um zu entspannen, zu grillen, den Sprung ins kühle Nass zu wagen oder seltene Vogelarten zu beobachten.

Erholsam ist auch ein Spaziergang entlang der **Fulda,** die durch das Stadtgebiet fließt. An der Promenade lässt es sich hervorragend schlendern und die Zeit vergessen. Bei einer Pause auf den Bänken am Wegesrand kann man den Blick in aller Ruhe über das Wasser schweifen lassen.

Einen Besuch wert sind auch der **Park Schönfeld** mit dem **Botanischen Garten** und – etwas weiter außerhalb der Innenstadt im Südwesten Kassels gelegen – das **Freizeit- und Erholungsgebiet Dönche**, das Heimat zahlreicher Tierarten ist und mit einer naturbelassenen Landschaft punktet.

Daneben gibt es noch viele weitere Gelegenheiten zum Träumen und Entspannen. Im **Vorderen Westen** kann man hervorragend bummeln und die Jugendstil-Bauten bestaunen sowie in einem der zahlreichen Cafés und Bars in der Friedrich-Ebert-Straße bei einem Getränk dem Treiben zusehen. Darüber hinaus bietet der Stadtteil auch mehrere Parks wie die Goetheanlage, den Aschrottpark und den Stadthallengarten.

Zur richtigen Zeit am richtigen Ort

Kassel hat auch außer der alle fünf Jahre stattfindenden documenta ein reiches Veranstaltungsprogramm zu bieten und vor allem in den Sommermonaten finden viele Feste in freier Natur statt. Aktuelle Informationen zu Veranstaltungen erhält man in den Touristeninformationen (s. S. 116) oder im Internet unter www.events. kassel-marketing.de/kassel.

Frühling

> **Frühlingsfest:** Jedes Jahr lockt das Fest der Schausteller zahlreiche Besucher auf die Schwanenwiese. Traditionell ist es in Kassel das erste große Volksfest des

▽ *Bei Spaziergängen im Grünen kann man Entdeckungen machen*

056ka-cl

neuen Jahres. Knapp zwei Wochen lang sorgen dutzende Fahrgeschäfte, Imbisse und Vergnügungsstände im Frühjahr für Kirmesatmosphäre auf dem Gelände. Mehr Informationen unter www.schau stellerverband-kassel.de.

❭ **Casseler Frühlings-Freyheit:** Seit 2018 wird im April die Casseler Frühlings-Freyheit gefeiert. An vier Tagen herrscht in der Innenstadt mit einem nostalgischen Jahrmarkt, einem Mittelalterspektakel und weiteren Attraktionen ein buntes und abwechslungsreiches Treiben. Ein verkaufsoffener Sonntag lädt zudem zum Bummeln und Einkaufen ein. Das Pendant zur Frühlings-Freyheit stellt im Oktober die Herbst-Freyheit dar. Sie wird stets am letzten Oktoberwochenende zelebriert (www.casseler-freyheit.de).

❭ **Tag der Erde:** Traditionell wird der Tag der Erde jedes Jahr in einem anderen Stadtteil veranstaltet, und das in zeitlicher Nähe zum Internationalen Tag der Erde am 22. April. Das Kultur- und Umweltfest findet dabei stets an Orten statt, die im Alltag stark vom Autoverkehr beansprucht werden. An diesem einen Tag im Jahr wird eine sonst vielbefahrene Straße zum Begegnungsort für Fußgänger – mit zahlreichen Ständen und einem umfassenden Kultur- und Musikangebot (www. tag-der-erde.net).

❭ **Gartenfest:** Das Schloss und der Park Wilhelmsthal bieten die Kulisse für diese Messe für Garten und Lifestyle. Vier Tage lang präsentieren die Aussteller jeweils am Himmelfahrts-Wochenende seltene Pflanzen, Gartenmöbel und Dekorationen für drinnen und draußen. Mehr Informationen unter www.gartenfestivals.de.

Sommer

❭ **Kulturzelt:** 1987 ursprünglich als Ergänzung zur documenta ins Leben gerufen, hat sich diese Veranstaltungsreihe in den vergangenen Jahren zu einem etablierten Musikfestival entwickelt. Über mehrere Wochen hinweg gibt es zahlreiche Konzerte zu hören – aus unterschiedlichen musikalischen Genres. Seit 2010 ist das Sommerfestival in einer modernen, leuchtenden Konzertmuschel an der Drahtbrücke am Auedamm beheimatet. Element of Crime, Eric Burdon, Max Mutzke, AnnenMayKantereit – in den vergangenen Jahrzehnten haben sich schon viele bekannte Musiker die Klinke in die Hand gegeben (meist Juli/August, www.kulturzelt-kassel.de).

› **Brüder-Grimm-Festival:** Auf der See-bühne im Park Schönfeld wird jedes Jahr zwischen Ende Juni und Anfang August ein anderes Märchen der Brüder Grimm aufgeführt. Dabei wird das Stück umge-textet und neu interpretiert. Die Auffüh-rungen sind meist schnell ausverkauft, sodass es sich lohnt, sich rechtzeitig um Karten zu kümmern (www.brueder-grimm-festival.de).

› **Zissel:** Eins der populärsten Volksfeste Nordhessens wird jedes Jahr am ersten Augustwochenende in Kassel gefeiert. Seine Wurzeln lassen sich bis ins 15. Jahrhundert zurückverfolgen, heute erin-nert es an eine Mischung aus Karneval und Kirmes. Neben Livemusik, einem Drachenbootrennen und dem Feuerwerk zum Abschluss ist ein großer Wasser-festzug auf der Fulda der Höhepunkt der Feierlichkeiten. Im Stil einer echten Miss-Wahl wird zudem die Wahl der Zisselkö-nigin, der Zisselprinzessin und der Fulle-nixe zelebriert (www.zissel.de).

› **Kasseler Museumsnacht:** Nachts ins Museum? Das ist am ersten Samstag im September möglich. Bei der Kasseler Museumsnacht haben rund 40 kulturelle Einrichtungen von abends bis spät in die Nacht geöffnet. Dabei werden Führun-gen, Lesungen, Filme und Mitmachak-tionen zu den aktuellen Ausstellungen angeboten. Achtung: In den Jahren, in denen in Kassel eine documenta stattfin-det, pausiert die Museumsnacht (www.museumsnacht.de).

› **Connichi:** Elfen, Superhelden, Hexen, Zeichentrickfiguren: Ausgefallene Kos-tüme kann man im September bestau-nen, wenn Kassel zum Mekka von Tau-senden Manga-Fans wird. Die dreitägige Connichi gilt als beliebteste und größte Anime Convention in Deutschland. Seit 2003 treffen sich die Teilnehmer jedes Jahr im Kongress Palais. Dort kann man nicht nur die extravaganten Verkleidun-gen bestaunen, es gibt auch Vorträge, einen Flohmarkt, einen Markt für Zeich-ner und verschiedene Wettbewerbe wie das Nudelschlürfen (www.connichi.de).

Herbst

› **Kassel-Marathon:** Sportlich wird es im September in der Stadt. Jedes Jahr mes-sen sich Tausende Läufer bei einem Marathon, der seit 2007 veranstaltet wird. In dieser Zeit hat sich die Teilneh-merzahl mehr als verdoppelt, sodass der Kassel-Marathon mittlerweile zu den größten und schnellsten in Deutsch-land zählt. Nicht jeder Teilnehmer muss dabei eine Distanz von 42,195 Kilome-ter absolvieren. Zum Programm gehö-ren nämlich auch ein Mini-Marathon für Jugendliche, ein Staffel-Marathon und ein Halb-Marathon (www.kassel-mara thon.de).

› **Jazzfest Kassel:** Bei dieser Veranstal-tung, die bereits seit Jahrzehnten einen festen Platz im Veranstaltungskalender der Stadt hat, treten im Oktober oder November eine Woche lang internatio-nale und heimische Jazzmusiker in ver-schiedenen Locations auf. Eröffnet wird das Fest mit der „Langen Jazznacht" im Gleis 1 im Kulturbahnhof, wo sich Künst-ler aus der regionalen Jazzszene in kur-zen Sets vorstellen (www.jazzvereinkas sel.de).

› **Casseler Herbst-Freyheit:** im Oktober (s. Casseler Frühlings-Freyheit, S. 98)

◁ *Warten auf das Wasser:*
Die Wasserspiele im Bergpark sind
seit Jahrhunderten eine Attraktion

> **Bad Wilhelmshöhe verzaubert:** Ende Oktober verwandelt sich die Wilhelmshöher Allee in ein Lichtermeer. Durch eine besondere Fassadenbeleuchtung erstrahlen viele Häuser in einem besonderen Glanz. Zugleich haben zahlreiche Geschäfte und Restaurants entlang der Allee bis 23 Uhr geöffnet. Livemusik unterstreicht die stimmungsvolle Atmosphäre dieses Abends.

> **Kasseler Musiktage:** Freunde der klassischen Musik kommen jährlich von Ende Oktober bis Mitte November auf ihre Kosten. Bei den Kasseler Musiktagen sind an verschiedenen Orten zahlreiche Konzerte mit Fokus auf Kammermusik und Auftritte von Chören und Orchestern zu sehen beziehungsweise zu hören. Jede Auflage steht dabei unter einem besonderen Thema, das in Vorträgen, Ausstellungen und Symposien aufgegriffen wird (www.kasseler-musiktage.de).

Winter

> **Kasseler Dokumentarfilm- und Videofest:** Im Jahr 1982 als reines Dokumentarfilmfest konzipiert, hat sich diese sechstägige Veranstaltung im November im Laufe der Zeit weiterentwickelt. Mittlerweile ist das „Dokfest", wie es genannt wird, ein Film- und Medienfestival mit internationaler Ausrichtung und legt den Fokus auf die neuen Medien, widmet sich aber auch dem regionalen Filmgeschehen. An verschiedenen Orten werden in erster Linie aktuelle Dokumentarfilme, experimentell-künstlerische Werke und audiovisuelle Performances präsentiert. Die besten Arbeiten werden von einer Jury prämiert (www.kasselerdokfest.de).

> **Bundesvogelschau:** Exotisch und bunt. Jedes Jahr im November präsentieren Züchter in den Messehallen ihre Sittiche, Papageien, Kanarienvögel und weitere Piepmätze. Mit knapp 1000 Züchtern, weit über 10.000 Vögeln und mehreren Tausend Besuchern handelt es sich hierbei um die größte Vogelschau Deutschlands (www.azvogelzucht.de).

> **Märchenweihnachtsmarkt:** In der Weihnachtszeit verwandelt sich die Innenstadt in eine zauberhafte Märchenwelt. Dabei steht jedes Jahr im Zeichen eines bekannten Märchens der Brüder Grimm. Neben Glühweinbuden, Imbissständen und Fahrgeschäften sorgen die weltgrößte Märchenpyramide, ein Märchen- und Zauberwald, viele bunte Lichter und verschiedene Konzerte für eine besinnliche Stimmung (www.weihnachtsmarkt-kassel.de).

KASSEL VERSTEHEN

Kassel – ein Porträt

Nach massiven Zerstörungen im Zweiten Weltkrieg wurde Kassel im Zeichen der Moderne wiederaufgebaut. Binnen weniger Jahre wurde aus dem ehemaligen Trümmerfeld eine Vorzeigestadt der Nachkriegszeit. Kaum eine andere deutsche Stadt ist städtebaulich und architektonisch so von den 1950er-Jahren geprägt. Nichtsdestotrotz würde man der früheren Residenzstadt Unrecht tun, würde man ihr Aussehen bloß darauf beschränken. Die zahlreichen Grünanlagen, die Bauten aus der Gründerzeit und die Fulda, die entlang ihrer Ufer zu entspannenden Spaziergängen einlädt, unterstreichen den Facettenreichtum Kassels.

Kassel ist nach Frankfurt am Main und Wiesbaden die **drittgrößte Stadt Hessens**. In den vergangenen Jahren ist die Einwohnerzahl deutlich gestiegen und nicht zuletzt die rund **25.000 Studenten** sorgen dafür, dass Kassel

◁ Vorseite: Die populäre „Dippenmüllerin" verkaufte im 19. Jh. in Kassel ihre Waren. Sie wurde mit einer Statue in der Markthalle ❿ *geehrt.*

als recht junge und moderne Stadt bezeichnet werden kann. Insbesondere im Vorderen Westen, im Zentrum und in der Nordstadt sind nicht nur zahlreiche Kneipen und Bars zu finden, sondern auch lebendige, bunte und kreative Zentren, in denen das Leben pulsiert.

Dass Kassel einmal eine derart positive Entwicklung durchlaufen würde, war vor einigen Jahrzehnten noch nicht absehbar. Während des Zweiten Weltkriegs zerstörten Flieger der Alliierten fast die komplette mittelalterliche Altstadt. Wer das Zentrum der nordhessischen Metropole betrachtet, wird kaum glauben können, dass Kassel früher als eine der schönsten Fachwerkstädte Deutschlands galt, denn heute dominieren **funktionale Betonbauten aus den 1950er-Jahren** wie das AOK-Gebäude oder das Gloria-Kino. Breite Straßen, Fußgängerunterführungen, schnörkellose Fassaden, genügend Raum für Autoverkehr und Parkplätze sollten sichtbarer Ausdruck einer funktionalen Metropole sein. Allerdings finden sich auch noch Straßenzüge, die von charmanten **Gründerzeit- oder Jugendstilgebäuden** geprägt sind, unter anderem im Vorderen Westen, in Wehlheiden,

in der Villenkolonie Mulang in Bad Wilhelmshöhe oder in der Südstadt.

Die Architektur als Zeichen des Aufbruchs wurde Sinnbild der wiederaufgebauten Stadt, die nicht nur mit Deutschlands erster Fußgängerzone, der Treppenstraße, für bundesweite Beachtung sorgte. Aufgrund der modernen Nachkriegsbauten diente Kassel in der Folgezeit als **Kulisse für zahlreiche Kinofilme**. Berühmte Schauspieler wie Heinz Rühmann, Hildegard Knef und Heinz Erhardt standen hier vor der Kamera, besuchten das legendäre Hotel Reiss für Premierenfeiern und festigten somit Kassels Ruf als Mini-Hollywood.

Auch die **Bundesgartenschau** im Jahr 1955 wirkte sich nachhaltig auf die Stadtentwicklung aus, immerhin bestand ein wesentliches Ziel der Ausstellung darin, die im Zweiten Weltkrieg stark zerstörte **Karlsaue** wiederherzustellen. Außerdem gibt es eine **Vielzahl an Parks und Gärten**, die sich über das komplette Stadtgebiet erstrecken und Kassel zu einer der grünsten Großstädte der Bundesrepublik machen. Egal, wo man sich aufhält: Wirklich weit hat man es nie zu den nächstgelegenen Grünanlagen.

KURZ & KNAPP

Kassel in Zahlen

> **Einwohner:** ca. 205.000
> **Fläche:** 106,79 km²
> **Kfz-Kennzeichen:** KS
> **Stadtwappen:** Das Wappen zeigt einen blauen Schild, der von links oben nach rechts unten von einem silbernen Schrägbalken durchzogen wird. In einem Feld über dem Balken sind sechs, in dem Bereich unter dem Balken sieben dreiblättrige Kleeblätter abgebildet.

Durchzogen wird Kassel von der **Fulda**, mit einer Länge von mehr als 200 Kilometern Hessens längster Fluss. Am Ende des 13. Jahrhunderts gründete Landgraf Heinrich I. auf der Ostseite der Fulda die Neustadt, die dann durch eine Brücke über den Fluss mit der Altstadt verbunden wurde und seit Ende des 17. Jahrhunderts den Namen **Unterneustadt** trägt.

☑ *Vom Herkules* **35** *genießt man eine wunderbare Aussicht über die Stadt*

059ka-as©pure-life-pictures · stock.adobe.com

Kasseler, Kasselaner oder Kasseläner?

Es gibt mehrere Begriffe, mit denen die Bewohner Kassels bezeichnet werden. Zum einen gibt es die **Kasseler**. Zu dieser Gruppe gehören alle nach Kassel zugezogenen Personen. Als **Kasselaner** werden diejenigen benannt, die in der Stadt geboren wurden und als **Kasseläner** kann man sich fühlen, wenn man in der Stadt geboren wurde und beide Elternteile aus Kassel stammen. Mit irgendwelchen Privilegien sind diese Bezeichnungen natürlich nicht verbunden. Wichtig: Während man den Status Kasseler verliert, wenn man aus der Stadt wegzieht, behält man die Bezeichnungen Kasselaner und Kasseläner auf Lebenszeit – unabhängig vom Wohnort.

Insgesamt setzt sich Kassel aus **23 Stadtteilen** unterschiedlicher Größe zusammen, wobei der Kurbezirk Bad Wilhelmshöhe mit etwas mehr als 15 Quadratkilometern die größte Ausdehnung besitzt. Neben den historisch gewachsenen Stadtteilen sind ab dem Ende des 19. Jahrhunderts noch diverse ehemals selbstständige Orte wie Wehlheiden (1899), Bettenhausen (1906) oder der Fasanenhof (1926) eingemeindet worden. In der Nazizeit erfolgte anschließend der erzwungene Anschluss weiterer Gebiete, die heute zu Kassel gehören. Trotz alledem haben die einzelnen Stadtteile **ihren eigenen Charakter bewahrt**. Von städtisch-pulsierend bis dörflich-ruhig, von industriell bis von der Natur geprägt – das Erscheinungsbild und die Besonderheiten der einzelnen Areale variieren, was auch den Charme der ehemaligen Residenzstadt ausmacht.

Die **Industrie** hat in Kassel eine lange Tradition, nicht zuletzt dank der Firma Henschel. Unter anderem die zentrale Lage und die günstigen Verkehrsanbindungen bringen es mit sich, dass die Region weiterhin als Industriestandort sehr gefragt ist, vor allem in den Bereichen Fahrzeug-, Verkehrs- und Energietechnik. Zahlreiche renommierte Unternehmen wie VW, dessen Werk in Baunatal mit 16.000 Mitarbeitern nach dem Stammsitz in Wolfsburg die zweitgrößte Produktionsstätte des Konzerns darstellt, Daimler, Bombardier, Rheinmetall oder E.ON sind in der Region angesiedelt. Rund 500 Firmen mit mehr als 10.000 Beschäftigten sind im **Industriepark Kassel** am Autobahndreieck beheimatet. Mit einer Gesamtfläche von circa 550 Hektar ist das aus fünf Bereichen bestehende Areal das größte zusammenhängende Gewerbegebiet zwischen Hannover und Frankfurt.

Auch die **Universität** mit ihren zehn Fachbereichen, einer Kunsthochschule und drei wissenschaftlichen Zentren ist ein bedeutender Wirtschaftsfaktor in der Stadt und ein weiterer ist der boomende **Tourismus**. Nicht zuletzt von der Anerkennung des Bergparks als UNESCO-Weltkulturerbe im Jahr 2013 hat Kassel erheblich profitiert. So verzeichnet die Stadt seit Jahren **wachsende Besucherzahlen**.

▷ *So sah der Königsplatz um 1900 aus*

Von den Anfängen bis zur Gegenwart

Die Geschichte Kassels umfasst mehr als 1000 Jahre und ist sehr wechselhaft. Aus einer **kleinen Befestigungsanlage** entwickelte sich im elften und zwölften Jahrhundert eine Stadt, deren Umfang und wirtschaftliche Bedeutung kontinuierlich zunahmen. So wurde Kassel 1277 zur **Hauptstadt der Landgrafschaft Hessen** ernannt. Während der Reformation gehörte Hessen unter Landgraf Philipp zu den bedeutenden **Vorkämpfern des Protestantismus** in Deutschland. Nach dem Tod des Herrschers, der Kassel zu einer starken Festung ausgebaut hatte, gehörte die Stadt nun zur Landgrafschaft Hessen-Kassel. Das ursprüngliche Hessen wurde in dem sogenannten Vierbrüdervergleich in vier Teile geteilt.

Landgraf Karl gab zahlreiche Gebäude und Areale in Auftrag, die noch heute das Stadtbild enorm prägen – unter anderem den Herkules und das barocke Orangerieschloss mitsamt der Karlsaue. Im Laufe des 18. Jahrhunderts wurden noch weitere prägende Bauten wie das Schloss Wilhelmshöhe fertiggestellt, bevor **das Zeitalter Napoleons eine Zäsur** in der Stadtgeschichte darstellte. Durch die Besetzung durch die Truppen des französischen Kaisers gehörte Kassel kurzzeitig zum von Frankreich regierten Königreich Westphalen. Nach der Befreiung durch die Russen war die Stadt aber bereits 1813 wieder Hauptstadt des wiederhergestellten Kurfürstentums Hessen.

Vor allem in der zweiten Hälfte des 19. Jahrhunderts erlebte Kassel im Zuge der Industrialisierung einen bedeutenden Aufschwung. **Großunternehmen brachten Reichtum** in die Stadt, die im Jahr 1899 erstmals mehr als 100.000 Einwohner zählte und sich damit zur Großstadt entwickelt hatte. Die beiden Weltkriege sollten die Geschichte aber nachhaltig beeinflussen. Unvergessen bleibt

060ka

Von Cassel nach Kassel

Dass Kassel mit „K" und nicht mit „C" geschrieben wird, geht auf einen Beschluss des preußischen Staatsministeriums aus dem Jahre 1926 zurück. Zuvor hatte es im Laufe der Jahrhunderte verschiedene Bezeichnungen und Schreibweisen gegeben. Nachdem der ersten urkundlichen Erwähnung Kassels noch vom Königshof „Chassalla" die Rede war, existierten später unter anderem Abwandlungen in „Cassella" und „Casle". Zwischen dem 17. und dem Beginn des 19. Jahrhunderts war eher die Schreibweise „Cassel" geläufig, ehe sich danach die Version mit „K" durchsetzte. Die offizielle Umbenennung im Jahr 1926 erfolgte jedoch erst nach einigen gescheiterten Versuchen zur Änderung des amtlichen Namens.

dabei vor allem der 22. Oktober 1943, als bei einem Luftangriff der Briten rund 10.000 Menschen ihr Leben verloren. Die komplette Altstadt wurde in Schutt und Asche gelegt, weit mehr als die Hälfte der Wohnungen und der Industrieanlagen waren nach dem Zweiten Weltkrieg zerstört.

Weltweite Bekanntheit in der Kunstwelt erlangte die Stadt im Jahr 1955, als erstmals die **documenta** in Kassel veranstaltet wurde (s. S. 18). Dass im Jahr 2022 bereits die 15. Auflage gefeiert wird, zeigt, dass sie sich zu einem Aushängeschild für die Stadt entwickelt hat.

913: Der Königshof Kassel wird in zwei Urkunden des deutschen Königs Konrad I. erstmals erwähnt. Es handelt sich um die ältesten schriftlichen Quellen zur Stadt Kassel, die noch bis heute erhalten sind.

1008: Kaiser Heinrich II. überlässt seiner Frau Kunigunde den Königshof mitsamt der zugehörigen Ländereien.

1189: Eine Urkunde aus diesem Jahr zeigt, dass Kassel die Stadtrechte besitzt. Wann die Rechte verliehen wurden, ist nicht überliefert.

1277: Nach der Loslösung Hessens von Thüringen macht Landgraf Heinrich I. Kassel zu seiner Residenz. Umfang und wirtschaftliche Bedeutung der Stadt wachsen. Über dem Fulda-Ufer errichtet Heinrich I. eine neue Burg, zudem gründet er am Ostufer die Neustadt.

1330: Landgraf Heinrich II. erweitert die Stadt mit der Gründung einer weiteren Neustadt, die den Namen „Freiheit" trägt.

1462: Nach mehr als 100 Jahren Bauzeit kann die Martinskirche eingeweiht werden. Sie entwickelt sich später zum religiösen Zentrum Hessens.

1523: Landgraf Philipp beginnt damit, Kassel zu einer starken Festung auszubauen. Sie wird zu einer der stärksten in Mitteleuropa. Philipp zählt zudem zu den großen Förderern des Protestantismus in Deutschland.

1567–1592: Nachdem aus der Hälfte des hessischen Territoriums die Landgrafschaft Hessen-Kassel entstanden ist, lässt Landgraf Wilhelm IV. zahlreiche Großbauten realisieren – unter anderem den Marstall.

1603–1606: In Kassel wird mit dem Ottoneum das erste feststehende Theatergebäude Deutschlands errichtet. Benannt wird es nach Otto, dem Lieblingssohn von Landgraf Moritz.

1633: Während des Dreißigjährigen Kriegs wird die Universität Kassel feierlich eröffnet. 20 Jahre später wird die Universität nach Marburg verlegt.

1685: Als erster deutscher Landesfürst lädt Landgraf Karl die in Frankreich verfolgten Hugenotten in sein Gebiet ein und sichert ihnen Glaubensfreiheit zu. Außerhalb der Stadtmauern entsteht für sie in

den kommenden Jahren ein neuer Stadtteil – die Oberneustadt.

1714: Im Bergpark Wilhelmshöhe finden
erstmals die Wasserspiele statt.

1717: Die Herkulesstatue wird auf die
Pyramide des Oktogons gesetzt.

1756–1763: Während des Siebenjährigen
Kriegs kämpft Hessen-Kassel auf Seiten
der Briten und Preußen. Die Stadt wird
in der Zeit mehrfach belagert. Am Ende
kapitulieren die Franzosen.

1779: Das Museum Fridericianum wird als
eines der ersten öffentlichen Museen
Europas fertiggestellt.

1786–1798: Im Bergpark Wilhelmshöhe
wird zu Füßen des Herkules das Schloss
Wilhelmshöhe errichtet. Benannt wird
es nach dem Bauherrn, Landgraf Wilhelm IX. von Hessen.

1806: Napoleons Truppen besetzen Kassel. Die Stadt wird im darauffolgenden
Jahr Hauptstadt des von Frankreich
regierten Königreichs Westphalen.

1813: Während der Befreiungskriege ver-
treiben russische Soldaten die Franzosen
aus der Stadt. Kassel wird Hauptstadt
des wiederhergestellten Kurfürstentums
Hessen.

1831: Im Kurfürstentum tritt eine neue Verfassung in Kraft, die sehr liberale Grund-
züge trägt und von vielen Beobachtern
als besonders fortschrittlich in Deutschland erachtet wird.

1866: Das Kurfürstentum Hessen und
damit auch Kassel werden an Preußen
angegliedert. Beginn der Industrialisierung in der Stadt.

1870: Nach der Kapitulation Frankreichs
im Deutsch-Französischen Krieg wird
Kaiser Napoleon III. im Schloss Wilhelmshöhe inhaftiert. Im darauffolgen-

den Jahr erfolgt die Gründung des Deutschen Reichs.

1891: Kurz nach seinem Amtsantritt sucht
sich Kaiser Wilhelm II. das Schloss Wilhelmshöhe als Sommerresidenz aus. Bis
1918 verbringt er mehrere Wochen pro
Jahr in Kassel.

1899: Kassel hat nun mehr als 100.000
Einwohner.

1909: Das neue Rathaus in der Oberen
Königsstraße wird eingeweiht. Wenige
Wochen später trägt sich Wilhelm II. dort
in das Goldene Buch der Stadt ein.

1913: Die Stadt zelebriert eine Tausendjahrfeier, die drei Tage lang andauert.
Die Vorbereitungen dafür ziehen sich
mehrere Monate hin.

1924: Eröffnung des Flugplatzes Kassel-
Waldau, zwei Jahre später wird Kassel in
das Flugnetz der Deutschen Lufthansa
aufgenommen.

1933: Machtergreifung der Nazis, Verbot
der sozialdemokratischen Zeitung „Kasseler Volksblatt", Boykottmaßnahmen
gegen Läden mit jüdischen Inhabern

1936: Die Einwohnerzahl Kassels beträgt
nach der Eingemeindung einiger Dörfer
mehr als 200.000.

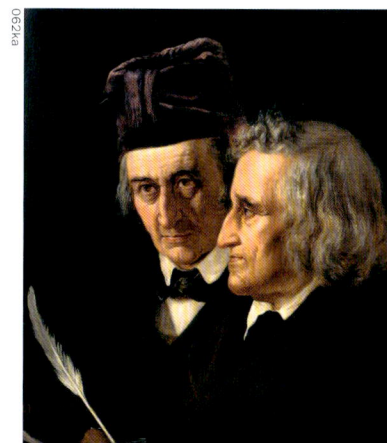

*▷ Die Brüder Grimm haben mehrere
Jahre in Kassel gelebt und gearbeitet*

061ka

November 1938: Vor den Augen der Öffentlichkeit wird die Große Synagoge von den Nationalsozialisten gestürmt. Zahlreiche jüdische Einrichtungen werden verwüstet.

22. Oktober 1943: Bei einem Angriff der britischen Luftwaffe kommen 10.000 Menschen ums Leben. Die Altstadt wird komplett zerstört, auch Industriebetriebe und Verkehrsanlagen werden massiv beschädigt. Kassel spricht vom „schrecklichsten Tag in der Stadtgeschichte".

April 1945: US-Truppen erobern das gesamte Stadtgebiet, wenige Wochen später kapituliert Nazi-Deutschland.

1948–1949: Kassel bewirbt sich darum, provisorische Bundeshauptstadt zu werden – ohne Erfolg.

1955: Auf Initiative des Kunstprofessors Arnold Bode findet erstmals die documenta statt. Die Ausstellung lockt mehr als 130.000 Besucher an. Zunächst ist sie nur als kulturelle Ergänzung der Bundesgartenschau gedacht, die in diesem Jahr in Kassel gastiert.

1970: In Calden wird ein neuer Flughafen eröffnet. Innerdeutsche Ziele wie Köln und Düsseldorf werden angeflogen.

1971: Im Oktober 1971 wird die heutige Universität als Gesamthochschule Kassel eröffnet.

1981: Zum zweiten Mal nach 1955 wird in Kassel eine Bundesgartenschau veranstaltet, im Vorfeld wird dafür das Naherholungsgebiet Fuldaaue angelegt.

1991: Der Neubau des Fernverkehrsbahnhofs Kassel-Wilhelmshöhe wird eingeweiht. Die Stadt hat somit einen ICE-Anschluss.

2005: Kassel scheitert mit seiner Bewerbung um den Titel „Kulturhauptstadt 2010".

2013: Der Ausbau des Flugplatzes Kassel-Calden zum Regionalflughafen ist fertig. Nach 15 Jahren Planungs- und Bauzeit wird er eingeweiht.

2013: Der Bergpark Wilhelmshöhe wird als UNESCO-Weltkulturerbe anerkannt.

2017: Die documenta 14, die in diesem Jahr in Kassel und in Athen stattfindet, verzeichnet einen Besucherrekord. Rund 1,2 Millionen Besucher werden in beiden Städten gezählt, davon 890.000 in Kassel.

2019: Der Kasseler Regierungspräsident Walter Lübcke wird Anfang Juni vor seinem Wohnhaus durch einen Pistolenschuss ermordet. Zwei Wochen nach der Tat wird ein bekannter Rechtsextremist als dringend tatverdächtig festgenommen. Er gesteht den Mord zunächst, widerruft anschließend aber das Geständnis. Der US-Nachrichtensender CNN kürt den Bergpark Wilhelmshöhe zu einem der attraktivsten touristischen Ziele in Deutschland.

⌃ *Die Fulda spielt in der Geschichte Kassels eine wichtige Rolle*

Leben in der Stadt

Verschlossen, zurückhaltend und meistens eher schlecht gelaunt: Über die nordhessische Mentalität existieren zahlreiche Vorurteile, die meisten davon sind wenig schmeichelhaft für die Region. Wer nun aber denkt, man würde in Kassel nur auf Menschen mit herunterhängenden Mundwinkeln treffen, die vor sich her grummeln, der irrt. Klar, den rheinischen Frohsinn wird man bei vielen Einwohnern vergeblich suchen. Auch ist es bekannt, dass die Nordhessen gerne in geselliger Runde „mähren", also meckern und schimpfen. Genauso zählt aber zur lokalen Identität, dass die Menschen **bodenständig und stolz** auf die Errungenschaften in Kassel sind.

In den vergangenen Jahren hat sich die Identifikation der Bewohner mit ihrer Stadt deutlich erhöht. Sie haben auch allen Grund dazu, stolz zu sein. Nach den massiven Zerstörungen im Zweiten Weltkrieg haben die Einwohner die Stadt mit viel Fleiß und Durchhaltevermögen wiederaufgebaut. Auch in wirtschaftlicher Hinsicht hat sie sich **vom Sorgenkind zum Hoffnungsträger** gemausert und zählt mittlerweile zu den dynamischsten Großstädten Deutschlands.

Der **Ausländeranteil** in Kassel beträgt 18,9 Prozent, im bundesweiten Durchschnitt ein eher hoher Wert. Den größten Anteil davon stellen Türken, obwohl deren Zahl in den vergangenen 20 Jahren um mehr als 30 Prozent gesunken ist, weil viele von ihnen die deutsche Staatsbürgerschaft angenommen haben. Danach bilden Polen und Syrer die größte Gruppe. Vergleicht man die einzelnen Stadtteile miteinander, fällt auf, dass der Ausländeranteil stark variiert. Besitzt in Nord-Holland (45 Prozent) fast jeder zweite Einwohner eine ausländische Staatsangehörigkeit, so liegen Jungfernkopf und Brasselsberg mit jeweils rund 6 Prozent am anderen Ende dieser Tabelle. Zu den weiteren Stadtteilen mit einem eher hohen Ausländeranteil zählen Rothenditmold und Wesertor.

Die **Arbeitslosenquote** konnte zwischen 2005 und 2019 von knapp 20 auf rund 7 Prozent reduziert werden. Ein deutliches Zeichen für das **wirtschaftliche Wachstum** Kassels in den vergangenen Jahren, allerdings nimmt man im Vergleich mit anderen Regionen in Hessen weiterhin nur einen hinteren Platz ein. Die Mehrzahl der Beschäftigten, davon viele Pendler, arbeitet im Dienstleistungssektor. Begünstigt wurde der positive Trend auch durch die **Universität**, die einen wichtigen Wirtschaftsfaktor und Jobmotor für die gesamte Region darstellt. Die steigenden Studentenzahlen sorgen auch dafür, dass Kassels Bevölkerung in den vergangenen Jahren etwas jünger geworden ist. Mit einem **Durchschnittsalter** von 42½ Jahren liegt die Stadt im hessischen Durchschnitt bei den jüngsten Regionen auf den vorderen Plätzen.

063ka-df

⌃ *Bei der Connichi (s. S. 99) wird Kassel zum Mekka von Manga-Fans*

064ka-df

⌂ *Idylle pur:*
Blick auf das Fulda-Ufer

Seit der Reformation ist Kassel **traditionell protestantisch.** Noch immer gehören rund 60 Prozent der Bevölkerung dem evangelischen Glauben an, rund jeder siebte Einwohner ist Mitglied der katholischen Kirche. Seit Jahrhunderten ist Kassel zudem der Sitz einer der größten jüdischen Gemeinden in Deutschland. Nicht zuletzt durch die starke Zuwanderung ist die Zahl der Menschen, die **anderen Religionen** angehören – allen voran der Islam – in den vergangenen Jahrzehnten gestiegen. Darüber hinaus hat aber auch der Anteil der Konfessionslosen zugenommen.

Obwohl die Metropole Nordhessens in der Vergangenheit in vie-

Die Kasseler Mundart

Wissen Sie, was es bedeutet, wenn die Menschen in Kassel etwa von einem „Hahnebambel", „babbelen" oder einem „Dullerjahn" sprechen? Es kann durchaus passieren, dass man in der Stadt noch auf Menschen trifft, die die Kasseler Mundart, das Kasselänische, sprechen - auch wenn dies mittlerweile die Ausnahme ist. Der Dialekt besitzt einige besondere Eigenschaften, die vor allem der speziellen regionalen Lage Kassels zu verdanken sind. Nur wenige Kilometer weiter nördlich verläuft die sogenannte „Benrather Linie", die als Grenze zwischen dem niederdeutschen und dem hochdeutschen Sprachgebiet zu verstehen ist. Generell ist Kassel von vielen verschiedenen Dialekten umgeben - östlich der Stadt wird Thüringisch und Obersächsisch gesprochen, im Westen gibt es dagegen die westmitteldeutschen Mundarten, zu denen unter anderem das Mittelfränkische zählt. Südlich von Kassel

beginnt außerdem der Sprachraum des Osthessischen und Oberhessischen.

Das Kasselänische wird dagegen zum Niederhessischen gezählt. Aufgrund der Vielzahl an sprachlichen Einflüssen ist es im Wesentlichen als Mischdialekt zu begreifen, der einige Elemente der angrenzenden Mundarten integriert hat. Auch ist der Kasseler Dialekt kein starres Gebilde, sondern hat sich vielmehr dank vieler sozialer, regionaler und ethnischer Gruppen entwickelt.

Einen Überblick über bekannte und ausgestorbene Begriffe sowie über Redensarten und grammatikalische Eigenheiten bietet das „Wörterbuch der Kasseler Mundart" von August Grassow. Es handelt sich um eines der aufwendigsten digitalen Dialektwörterbücher in Deutschland. Mehr als 3000 Ausdrücke sind in dem Lexikon verzeichnet, das unter www.dwkm.de auch in digitalisierter Fassung einzusehen ist.

len Bereichen eine beeindruckende Entwicklung genommen hat, gibt es noch einige, in denen etwas Nachholbedarf besteht. Eine wichtige Herausforderung für die kommenden Jahre wird es zum Beispiel sein, **den Radwegeausbau zu forcieren.** Zwar kann Kassel bereits einige vielversprechende Fortschritte verzeichnen, dennoch kann die Stadt nicht wirklich als eine traditionelle Radfahrerstadt bezeichnet werden. Angesichts des demografischen Wandels gilt es auch, in Zukunft mit den Kultureinrichtungen gezielt eine jüngere Zielgruppe anzusprechen, um auch weiterhin genügend Besucher in den Museen begrüßen zu können.

⌃ *Vor allem im Vorderen Westen* 24 *stehen noch Jugendstil-Bauten*

Die Hauptstadt der Waschbären

Wenn man sich in Kassel auf die Suche nach Souvenirs begibt, kommt man unweigerlich mit Waschbären in Berührung. Sei es auf Tassen, Shirts oder Taschen: Überall sind die possierlichen Säugetiere abgedruckt, für die Kleinen gibt es sie auch als Plüschtier.

Dass Waschbären als **heimliche Maskottchen** der Stadt gelten, kommt nicht von ungefähr. Vielmehr liegt das daran, dass Kassel den Ruf als Waschbärenhauptstadt Europas innehat. Es gibt zwar keine genauen Angaben über die Zahl der hier lebenden Tiere, dennoch ist klar, dass sich die Allesfresser in den vergangenen Jahrzehnten im gesamten Stadtgebiet ausgebreitet haben. Wissenschaftliche Untersuchungen gehen von rund **10.000 Waschbären in Kassel** aus. Die Tiere finden in der Stadt ideale Lebensbedingungen vor und sie haben keine natürlichen Feinde. Im Hausmüll finden sie leicht Nah-

rung, Gartenlauben oder Dächer bieten optimale Schlaf- und Wurfplätze – alles Faktoren, die ihre starke Ausbreitung begünstigen.

In ganz Deutschland beträgt die Zahl der ursprünglich aus Nordamerika stammenden Raubtiere nach Schätzungen knapp eine Million. Wenn man den historischen Ursachen ihrer zunehmenden Verbreitung auf den Grund gehen möchte, führt der Weg in die Nähe von Kassel. Im **April 1934** wurden am Edersee bei Bringhausen **zwei Waschbären-Pärchen** ausgesetzt, obwohl Experten vor einer drohenden Invasion warnten. Es war der Beginn einer fast vollständigen Besiedlung Deutschlands durch die Pelztiere. Mittlerweile sind sie vielerorts zu einer **echten Plage** geworden. Besonders für Hauseigentümer stellen Waschbären ein großes Ärgernis dar. So süß die Kleinbären mit ihrer auffälligen schwarz-weißen Gesichtsmaske auch aussehen mö-

066ka-cl

gen: Sie verwüsten nicht nur Blumenbeete oder räumen Mülltonnen leer, sondern beschädigen auch Dächer, wodurch hohe finanzielle Schäden entstehen können. Es kann sogar vorkommen, dass die Waschbären, die sich gerne auf Dachböden einnisten, ganze Dämmungen zerstören. Darüber hinaus übertragen sie auch gefährliche Infektionskrankheiten und Parasiten. Da die Waschbären beispielsweise auch die Nester von Vögeln plündern und seltene Amphibien töten, haben sie auch einen großen Einfluss auf den Bestand teilweise sehr gefährdeter Arten.

Die Frage nach dem richtigen Umgang mit den Waschbären führt regelmäßig zu heftigen Diskussionen. Bislang sorgt in Hessen eine **Schon-**

zeit vom 1. März bis zum 31. Juli dafür, dass die Tiere in diesem Zeitraum nicht geschossen werden dürfen. Die schwarz-grüne Landesregierung hat sich jedoch für eine baldige Abschaffung der Frist ausgesprochen, sodass die Raubtiere ganzjährig gejagt werden könnten – sehr zum Unmut von Tierschützern. Ob eine Eindämmung des Raubtiers mithilfe einer intensiven Bejagung möglich ist, ist generell sehr umstritten. Kritiker argumentieren, dass sich der Bestand dadurch nicht reduzieren lasse, da die Waschbären die Verluste rasch durch eine **größere Nachwuchsrate** wieder ausgleichen würden.

Zwischen Frühjahr und Herbst ist es in Kassel nicht ungewöhnlich, in der Dämmerung einem Waschbären zu begegnen. Vor allem die waldnahen Stadtteile wie Bad Wilhelmshöhe, Harleshausen und Kirchditmold sind von den Wildtieren dicht besiedelt.

⌂ *Tassen und Kissen mit Waschbär-Motiven sind beliebte Souvenirs*

PRAKTISCHE REISETIPPS

An- und Rückreise

Mit dem Flugzeug

Der 2013 eröffnete Flughafen **Kassel-Airport** liegt rund 15 Kilometer nordwestlich der Innenstadt bei der Gemeinde Calden. Mit der Buslinie 100 kommt man innerhalb einer halben Stunde in die Stadt, allerdings gibt es keine innerdeutschen Flugverbindungen (außer zeitweise nach Sylt), stattdessen werden in erster Linie Ziele in Urlaubsregionen wie Spanien, Ägypten und Griechenland angeflogen.

Unter Umständen lohnt sich die Anreise über die Flughäfen in **Frankfurt**, **Hannover** oder **Paderborn-Lippstadt**. Die Weiterreise von dort ist kein Problem. Mit der Bahn erreicht man Kassel in weniger als zwei Stunden, vom Flughafen Hannover bis nach Kassel-Wilhelmshöhe ist man sogar nur eine Stunde unterwegs.

> www.kassel-airport.aero
> www.frankfurt-airport.com/de.html
> www.hannover-airport.de
> www.airport-pad.com

Mit dem Zug

Kassel verfügt gleich über zwei Bahnhöfe: Der zentral in der Innenstadt gelegene **Hauptbahnhof** [N1] wurde 1995 saniert und zum Kulturbahnhof umfunktioniert. Er wird noch von Regionalzügen und Straßenbahnen angefahren, ist ansonsten aber eine bedeutende Kulturinstitution. Die von der Deutschen Bahn nicht mehr benötigten Räumlichkeiten dienen unter anderem als Kino, Veranstaltungsräume und Museum für Komische Kunst (Caricatura **⑤**).

Mit dem rund vier Kilometer westlich vom Hauptbahnhof gelegenen **Bahnhof Kassel-Wilhelmshöhe** [H2] verfügt die Stadt auch über einen ICE-Anschluss und ist daher aus allen Richtungen gut zu erreichen. Es gibt nicht nur Direktverbindungen zu wichtigen deutschen Metropolen wie München, Hamburg und Berlin, sondern auch nach Basel, Zürich und Wien. Vom Bahnhof Kassel-Wilhelmshöhe fahren mehrere Bus- und Straßenbahnlinien in die Innenstadt. Über die besten Verbindungen und Fahrpreise informieren die Websites der Bahngesellschaften.

> www.bahn.de
> www.sbb.ch
> www.oebb.at

Mit dem Bus

Für Reisende, die etwas mehr Zeit aufbringen können, kommt möglicherweise auch eine Anreise per Bus in Betracht. Aufgrund der günstigen Lage innerhalb Deutschlands nutzen einige Fernbusanbieter Kassel als Haltestelle. Folgende Websites können bei der Suche nach passenden Verbindungen helfen:

> www.flixbus.de
> www.busliniensuche.de
> www.fernbusse.de

Mit dem Auto

Auch mit dem Auto ist Kassel sehr gut zu erreichen. Die Stadt ist gleich **an drei Autobahnen angebunden**: außer an die A44 und die A49 auch an die A7, die längste deutsche Bundesautobahn. Sie führt als Nord-Süd-Achse von der dänischen bis zur österreichischen Grenze. Von der Autobahn

◁ *Vorseite: Die Wilhelmshöher Allee verbindet die Innenstadt mit dem Bergpark*

gelangt man unter anderem über die Bundesstraße 3 in die Innenstadt.

Wertvolle Hilfe für Autofahrer sind folgende Websites, die aktuelle **Straßensperrungen, Staus und Verkehrsbehinderungen** auf den wichtigsten Autobahnen und Bundesstraßen in Hessen anzeigen.

❯ www.verkehrsservice.hessen.de/
❯ www.hessenschau.de/verkehr
❯ www.ffh.de/verkehr

Großer Beliebtheit erfreuen sich auch **Mitfahrgelegenheiten**, auch weil die Fahrten oftmals günstiger sind als mit Bus oder Bahn. Im Internet gibt es mittlerweile verschiedene Plattformen, auf denen man nach einer passenden Fahrt suchen beziehungsweise ein eigenes Angebot inserieren kann. Bei einigen Anbietern muss der Nutzer ein Abo abschließen, andere wiederum sind kostenfrei.

❯ www.blablacar.de
❯ www.fahrgemeinschaft.de
❯ www.mitfahren.de

Autofahren

Die Obere Königsstraße [N3–O1] ist für Autos gesperrt. Ansonsten sind weite Teile im Stadtzentrum auch mit dem Pkw zu erreichen. Im Gegensatz zu vielen anderen Städten in Deutschland gibt es in Kassel (noch) **keine Umweltzonen-Plakettenpflicht.** Wie überall sollte man vor allem in den Stoßzeiten mit Verzögerungen im Verkehrsfluss rechnen.

Für **Elektroautos** gibt es in der Nähe der Innenstadt unter anderem am Friedrichplatz ❷, Karlsplatz [O3] und Entenanger [P2] **Ladestationen.** Zudem dürfen Fahrer von E-Autos auf allen städtischen Parkplätzen kostenfrei parken.

Generell gestaltet sich die Parkplatzsituation in Kassel nicht so problematisch. In der Innenstadt steht eine Reihe von **Parkhäusern** zur Auswahl. Sie befinden sich beispielsweise am Friedrichplatz, in der Kurfürsten-Galerie (s. S. 93), im City Point (s. S. 92), in der Wilhelmsstraße, am Garde-du-Corps-Platz und an der Martinskirche.

🅿 **99** [O2] **Parkhaus Friedrichplatz,** Ein- und Ausfahrt über Steinweg oder Du-Ry-Straße, geöffnet: Mo.–Sa. 6–24 u. So. 9–24 Uhr, Preise: 1 € für die erste Stunde, ab der zweiten Stunde 2 €/ Stunde.

🅿 **100** [N2] **Parkhaus Garde-du-Corps-Platz,** Ein- und Ausfahrt über Fünffensterstraße oder Friedrichsstraße, geöffnet: Mo.–Sa. 6.30–22 Uhr. Preise: 1 € für die erste Stunde, ab der zweiten Stunde 2 €/Stunde.

🅿 **101** [P1] **Parkhaus Martinskirche,** Ein- und Ausfahrt über Oberste Gasse, geöffnet: Mo.–Sa. 6.30–22 Uhr, Preise: 1 € für die erste Stunde, ab der zweiten Stunde 2 €/Stunde.

🅿 **102** [N2] **Parkhaus Wilhelmsstraße,** Ein- und Ausfahrt über die Garde-du-Corps-Straße 5, geöffnet: Mo.–Sa. 7–2 u. So. 11–2 Uhr. Preisbeispiele: 1 € bis 40 Minuten, 1,50 € bis 70 Minuten, 2 € bis 90 Minuten.

Seit 2015 ist es auf allen **öffentlichen Parkflächen** möglich, die Gebühren bargeldlos oder über eine Smartphone-App zu bezahlen. Allgemeine Informationen zu den einzelnen Parkmöglichkeiten, deren aktuelle Auslastung und die Preise findet man unter www.einkaufen-kassel.de oder www.parkopedia.de.

Kleiner Spartipp: Mit der **Kasseler Parkkarte** kann man in drei Parkhäusern (Friedrichplatz, Garde-du-Corps-Platz, Martinskirche) vergünstigt sein Auto abstellen. Damit ist das Parken die ersten 30 Minuten sowie von 18 bis 20 Uhr kostenlos.

Die Karte kostet nichts und ist grundsätzlich für jeden erhältlich – zum Beispiel im Rathaus oder bei der Parkhausgesellschaft der Stadt Kassel (Neue Fahrt 12).

Barrierefreies Reisen

Kassel ist eine weitgehend behindertenfreundliche Stadt. So wurde in den vergangenen Jahren ein verstärktes Augenmerk darauf gelegt, den **öffentlichen Nahverkehr** in puncto Barrierefreiheit auszubauen. Mittlerweile sind fast die gesamten Straßenbahnhaltestellen und mehr als die Hälfte der Bushaltestellen **zu Niederflurhaltestellen** umgebaut worden, die ein stufenloses Einsteigen in die Fahrzeuge ermöglichen. Zur Mitnahme von Mobilitätshilfen wie Rollatoren oder Rollstühlen stehen in den Bussen und Bahnen die Mehrzweckbereiche zur Verfügung. Auch in den RegioTrams kann mithilfe der Klapprampe barrierefrei an verschiedenen Bahnhöfen eingestiegen werden. Weitere Informationen finden sich auf der Website der Kasseler Verkehrsbetriebe unter www.kvg.de.

Die **Museen** in Kassel sind **nur teilweise barrierefrei.** So weist die Museumslandschaft Hessen Kassel darauf hin, dass es aufgrund der historischen Bausubstanz der einzelnen Gebäude nicht überall möglich ist, einen barrierefreien Zugang zu ermöglichen. Auf der Website der MHK (www.museum-kassel.de) ist detailliert aufgelistet, an welchen Orten Besucher mit Beeinträchtigungen in den einzelnen Einrichtungen rechnen müssen. In einigen Museen werden darüber hinaus **Audio-Guides bereitgestellt.**

Der **Bergpark Wilhelmshöhe** ist aufgrund seiner Hanglage ausschließlich fußläufig zu erschließen und daher für mobilitätseingeschränkte Personen nur eingeschränkt zugänglich.

Informationsquellen

Infostellen in der Stadt

An den beiden Tourist-Informationen in der Innenstadt und am Bahnhof Kassel-Wilhelmshöhe erhält man Informationen über die Stadt und kann unter anderem Hotelzimmer und Stadtführungen buchen, Tickets für Veranstaltungen und Touren erwerben und sich mit Souvenirs eindecken.

ⓘ **103** [N2] **Tourist-Information Innenstadt,** Wilhelmsstraße 23, Tel. 0561 707707, www.kassel-marketing.de, geöffnet: Mo.–Sa. 10–18 Uhr

ⓘ **104** [H2] **Tourist- und Kurinformation im Bahnhof Wilhelmshöhe,** Willy-Brandt-Platz 1, Tel. 0561 34054, www.kassel-marketing.de, geöffnet: Mo.–Fr.10–13 und 14–18 Uhr, Sa. 10–14 Uhr

◁ *Besucher erhalten in den beiden Tourist-Informationen viele Tipps*

Publikationen und Medien

Kassel ist der Hauptsitz der **Hessisch/Niedersächsischen Allgemeinen (HNA)**, die zwischen Montag und Samstag in mehreren Regionalausgaben über das aktuelle Geschehen in Nordhessen und Südniedersachsen berichtet. Am Wochenende erscheint zudem die kostenlose Zeitung **Extra Tipp.** Das kostenlose und monatlich erscheinende Magazin **Frizz** versorgt seine Leser mit Informationen über aktuelle Veranstaltungen in Kassel und der Umgebung.

Seit mehr als 50 Jahren sendet der **Hessische Rundfunk** aus Kassel. Neben dem Funkhaus in Frankfurt ist das Studio in der Wilhelmshöher Allee das wichtigste der Sendeanstalt.

Kassel-Apps

> **Kassel Live:** Aktuelle Verkehrs- und Wetterinformationen aus der Region, Livebilder von Webcams, Gewinnspiele, Nachrichten über Events in der Stadt: Mit diesem Nachrichtenticker ist man in Kassel stets auf dem Laufenden (kostenlos für Android und iOS).

Meine Literaturtipps

> *Rüdiger Edelmann:* **Märchenhaftes Kassel und Nordhessen. Herkules, Dornröschen und die sieben Zwerge,** *Gmeiner-Verlag, Meßkirch 2016. Der Autor zog 2004 eher unfreiwillig nach Kassel, registrierte aber recht schnell, dass die Stadt und ihr Umland wesentlich attraktiver sind, als einem die Vorurteile weismachen wollen und sie dank der Brüder Grimm auch viel Märchenhaftes zu berichten haben. An 77 märchenhafte Orte entführt der Journalist die Leser in diesem kurzweiligen Buch – mit verblüffenden Geschichten.*

> *Sabine Köttelwelsch:* **Kassel – gestern und heute,** *Wartberg-Verlag, Gudensberg 2006. In den vergangenen Jahrzehnten hat sich die Stadt in vielen Bereichen verändert. Historische und aktuelle Aufnahmen verschiedener Plätze werden in diesem Bildband gegenübergestellt. Auf informative Art und Weise wird dabei illustriert, wie stark der Wandel ausgefallen ist.*

> *Peter Ochs,* **Kassel – einfach Spitze! 100 Gründe, stolz auf diese Stadt zu sein,** *Wartberg-Verlag, Gudensberg 2015. Der frühere Redakteur der HNA schafft es auf etwas mehr als 100 Seiten, einen unterhaltsamen Blick auf die Stadt zu werfen und vergangene und gegenwärtige Attraktionen vorzustellen. Ein ideales Buch für jene, die Kassel noch etwas kritischer gegenüberstehen, denn der Autor legt mal humorvoll, mal liebevoll – aber stets überzeugend – dar, warum die Einwohner stolz auf Kassel sein sollten.*

> *Christian Saehrendt:* **Kassel. Ist das Kunst oder kann das weg? Documenta-Geschichten, Märchen und Mythen,** *DuMont Buchverlag, Köln 2012. Wer sich für die Geschichte der documenta interessiert, kommt an dem Buch des in Kassel aufgewachsenen Publizisten und Kunsthistorikers Christian Saehrendt nicht vorbei. Mit viel Witz und Ironie lässt er die wichtigsten Episoden der Kunstausstellung Revue passieren.*

Kassel preiswert

> *Gratis mit den öffentlichen Verkehrsmitteln fahren und dabei gleichzeitig noch Rabatte für verschiedene Kultur- und Erlebnisangebote erhalten? Das ist mit der **KasselCard** möglich, dem Erlebnisticket für die Stadt und das Umland. Die Karte ist dabei für einen oder für drei Tage gültig – jeweils für zwei Personen. Der Preis für 24 Stunden beträgt 9 €, der für 72 Stunden 12 €. Für mehr als 30 Museen und weitere Attraktionen erhält man ermäßigte Preise. Erhältlich ist die KasselCard in den Tourist-Informationen (s. S. 116), in den Besucherzentren Wilhelmshöhe (s. S. 60) und Herkules ❸❺ sowie in diversen Hotels.*

> *Mit dem **Gutscheinbuch Kassel & Umgebung** lässt sich in der Region bares Geld sparen. Das Heft lockt mit zahlreichen attraktiven 2-für-1-Angeboten in den Bereichen Gastronomie, Wellness und Shopping. Man kann es für 34,90 € unter www.gutscheinbuch.de bestellen. Darüber hinaus wird es auch in verschiedenen Verkaufsstellen in Kassel angeboten. Eine Liste mit den Anlaufpunkten gibt es auf der genannten Website.*

> *Diverse **Restaurants** – etwa Lohmann (s. S. 84) oder Eckstein (s. S. 83) – haben eine spezielle **Mittagskarte** mit Angeboten, die oftmals günstiger sind als die üblichen Gerichte. Fragen Sie deshalb auch immer nach der Tageskarte!*

> **Bergpark-App** (s. S. 60)

> **NVV Mobil:** Die App ist die mobile Fahrplanauskunft für alle Verkehrsmittel im Gebiet des Nordhessischen Verkehrsverbunds (NVV). Es werden nicht nur aktuelle Verkehrsmeldungen und Abfahrts- sowie Anfahrtstafeln für die einzelnen Haltestellen angezeigt, sondern man kann über die App auch recht einfach Tickets für Bus, Bahn oder Tram erwerben (kostenlos für Android und iOS).

> **HNA.de:** Wichtige Nachrichten aus der Region, Deutschland und dem Rest der Welt erhält man mit der App der Hessischen/Niedersächsischen Allgemeinen (HNA). Mittels Push-Mitteilungen bleibt man auch auf dem Laufenden, wenn die App nicht gestartet ist (kostenlos für Android und iOS).

Internet

Auch in Sachen Internet ist Kassel auf der Höhe der Zeit. Viele **Hotels, Restaurants, Cafés** und **Bistros** bieten WLAN, meistens sogar kostenlos. Der regionale Netzanbieter Netcom Kassel stellt zudem in weiten Teilen der Innenstadt ein **öffentliches WLAN-Netz** zur Verfügung, sodass man dort surfen kann, ohne sein eigenes Datenvolumen zu belasten. Dazu muss man sein Smartphone oder Tablet mit dem WLAN-Netz „NetcomCity Free" verbinden, wodurch man auf die Anmeldeseite gelangt. Anschließend muss man nur die Allgemeinen Nutzungsbedingungen akzeptieren, bevor man lossurfen kann. Mehr Informationen gibt es unter www.netcom-kassel.de.

▷ *Auch die Grimmwelt ❷⓪ hat für Kinder einiges zu bieten*

LGBT+

Kassel ist eine sehr weltoffene Stadt, in der sich die LGBT+ Community wohlfühlen kann. In den vergangenen Jahren haben zwar einige einschlägige Szenelokale wie der Pferdestall oder das Queerbeet geschlossen, dennoch gibt es noch einige Locations, die als Treffpunkt äußerst populär sind.

Im **Gleis 1** (s. S. 89) inmitten des Kulturbahnhofs findet regelmäßig die „Sinnlust"-Party statt, die als größte schwul-lesbische Party Nordhessens gilt. Weitere beliebte Anlaufpunkte sind unter anderem die Kneipen B2 und La Cage (jeweils gemischtes Publikum).

↻**105** [K2] **B2**, Germaniastraße 13, Tel. 7663737, www.b2-bar.de, geöffnet: Mo.–Sa. 19–2 Uhr. Seit beinahe 20 Jahren gehört die Bar mit Lounge-Musik zu den Institutionen im Vorderen Westen.

↻**106** [P2] **La Cage**, Die Freiheit 17, Tel. 50399484, www.lacagekassel.de, geöffnet: Di.–Sa. ab 18 Uhr. In der nur 25 Quadratmeter großen Schlagerbar, die als Kassels kleinste Kneipe gilt, ist es vor allem eines: gemütlich. Familiäre Atmosphäre dank des netten Betreiber-Pärchens und wechselnde Veranstaltungen.

Medizinische Versorgung

✚**107** [N3] **Elisabeth-Krankenhaus,** Weinbergstraße 7, Tel. 720010, www.elisabeth-krankenhaus-kassel.de

✚**108** [fg] **Klinikum Kassel**, Mönchebergstraße 41-43, Tel. 9800, www.klinikum-kassel.de

✚**109** [eg] **Marienkrankenhaus**, Marburger Straße 85, Tel. 80730, www.marien krankenhaus-kassel.de

Mit Kindern unterwegs

In Kassel gibt es sowohl bei Regen als auch bei schönem Wetter zahlreiche Möglichkeiten, kindgerechte Aktivitäten zu unternehmen. Ein beliebtes Ausflugsziel ist der **Zoo am Rammelsberg**, der sich Familienfreundlichkeit auf die Fahnen geschrieben hat. Dort haben Kinder die Chance, Eseln, Alpakas, Ziegen, aber auch Eulen, Nandus, Flamingos, Schlangen und kleinen Affen zu begegnen. Einige Bewohner des Zoos dürfen sogar gestreichelt werden. Weiterer Pluspunkt: Ein Besuch wird den Geldbeutel nicht zu sehr erleichtern, denn der **Eintritt ist frei.**

070ka-cl

★110 [G1] **Zoo am Rammelsberg**, Roterkopfweg, www.zoo-rammelsberg.de, geöffnet: Febr. Di.–Fr. 14–17, Sa./So. 10–17 Uhr, März–Okt. jeweils bis 18 Uhr, Nov. jeweils bis 16 Uhr, Dez. und Jan. geschlossen

Mehr Action verspricht der **Kletterwald im Habichtswald** (s. S. 124), der gleich mit mehreren kindgerechten Parcours aufwartet. Wer sich von der Höhe nicht abschrecken lässt und seine Grenzen austesten möchte, wird auch im **Kletterzentrum Kassel– Vertical World** (s. S. 124) fündig .

In Kassel gibt es zahlreiche Spielplätze, auf denen sich die Kleinen gehörig auspowern können. Erwähnt seien an dieser Stelle der **Abenteuer-** und **Wasserspielplatz** in der Fulda-aue mitsamt Klettergeräten, Seilbahn und Karussell und der **Spielplatz an der Landaustraße**, der vor kurzem umfangreich saniert wurde und mit Rutschenelefant, einem Baumhaus und einem großen Klettergerüst mit Hängebrücke aufwarten kann. Einen guten Überblick über die Orte in der Stadt, die für Kinder und Jugendliche interessant sind, gibt der **Kinder- und Jugendstadtplan Kassel**. Sämtliche Spiel-, Bolz- und Skateplätze sind verzeichnet, ebenso Kinder- und Jugendzentren sowie weitere Veranstaltungsorte. Er ist im Internet unter www.stadtplan-kassel.de einsehbar, zudem kann er in Buchhandlungen, beim Kundenservice im Rathaus und den Tourist-Informationen (s. S. 116) für 5 € erworben werden.

Eine Gelegenheit, die Schlösser, Parks und Museen in Kassel ohne die eigenen Eltern zu erkunden, bietet die **Kinder- und Jugendzeit** der Museumslandschaft Hessen Kassel. Hier ziehen die Kinder nämlich in der Regel ohne erwachsene Begleitung los. Wann diese Veranstaltungen stattfinden, erfährt man unter www.veranstaltungen.museum-kassel.de.

Im **Planetarium in der Orangerie** ⑭ werden für Kinder spezielle Vorführungen angeboten, die sogenannte Kinderzeit. Auch im **Naturkundemuseum** ⑫ im Ottoneum sind viele Nachmittage für Kinder reserviert. Bei den Veranstaltungen beschäftigen sie sich mit Insekten, Fossilien, Pflanzen und mehr. Im Internet gibt es unter www.naturkundemuseum.kassel.de/kinderseite eine eigene Seite, die sich speziell an Kinder richtet. Dort werden Veranstaltungen angekündigt, zahlreiche Fragen kindgerecht beantwortet und Spiele sowie Bastelanleitungen präsentiert.

Restaurant für die ganze Familie

In der Wilhelmshöher Allee hat 2018 das Familienrestaurant LuLu eröffnet, in dem sich Kinder und ihre Eltern gleichermaßen wohlfühlen sollen. Für die Kleinen gibt es zahlreiche Spielsachen, farbenfrohe Möbel, Buntstifte zum Malen und ein Bällebad. Darüber hinaus handelt es sich um ein vollwertiges Restaurant. Bruschetta, Salate, Tapas, Nudeln und Fleischgerichte: Die Speisen auf der Karte sind vielseitig und dürften für jeden Geschmack etwas bieten. Selbstverständlich werden auch kindgerechte Gerichte angeboten. Am Wochenende kann man hier gut frühstücken.

⑪111 [G2] **LuLu-Familienrestaurant** €€, Wilhelmshöher Allee 287, Tel. 83098822, www.lulufamilienrestaurant.eatbu.com, geöffnet: Di.–Fr. 17–22, Sa. 10–22 u. So. 10–20 Uhr

Notfälle

📞 **112** [N1] **Polizeirevier Kassel-Mitte,** Grüner Weg 33, in der unmittelbaren Nähe des Hauptbahnhofs, Tel. 9102120

〉 **Notruf:** Tel. 110 (Polizei), Tel. 112 (Feuerwehr/Rettungsleitstelle)

Kartensperrung

Bei **Verlust der Debit-/Giro-, Kredit-** oder **SIM-Karte** gibt es für Kartensperrungen eine **deutsche Zentralnummer** (unbedingt vor der Reise klären, ob die eigene Bank bzw. der jeweilige Mobilfunkanbieter diesem Notrufsystem angeschlossen ist). **Aber Achtung:** Mit der telefonischen Sperrung sind die Bezahlkarten zwar für die Bezahlung/Geldabhebung mit der PIN gesperrt, nicht jedoch für das **Lastschriftverfahren mit Unterschrift.** Man sollte daher auf jeden Fall den Verlust zusätzlich **bei der Polizei zur Anzeige bringen,** um gegebenenfalls auftretende Ansprüche zurückweisen zu können.

In **Österreich** und der **Schweiz** gibt es keine zentrale Sperrnummer, daher sollten sich Besitzer von in diesen Ländern ausgestellten Debit- oder Kreditkarten vor der Abreise bei ihrem Kreditinstitut über den zuständigen Sperrnotruf informieren.

Generell sollte man sich immer die **wichtigsten Daten** wie Kartennummer und Ausstellungsdatum **separat notieren,** da diese unter Umständen abgefragt werden.

〉 **Deutscher Sperrnotruf:** Tel. 116116

〉 **Weitere Infos:** www.kartensicherheit.de, www.sperr-notruf.de

▸ *An zahlreichen Standorten kann man sich die blauen Fahrräder von Nextbike ausleihen*

Fundbüro

In Kassel befindet sich das Fundbüro im Hansahaus und ist sowohl über den Hanseatenweg als auch über die Kurt-Schumacher-Straße zu erreichen. Im Internet kann man unter www.fundbuerodeutschland.de nach verlorenen Gegenständen suchen.

● **113** [P1] **Fundbüro Kassel,** Kurt-Schumacher-Straße 31, Tel. 7873066, www.serviceportal-kassel.de, geöffnet: Mo., Di., Do., Fr. 8.30–12.30 Uhr, Mi. 14–17.30 Uhr

Post

✉ **114** [P1] **Hauptpost Kassel,** Untere Königsstraße 50, Tel. 0228 433112, geöffnet: Mo.–Fr. 9–18 Uhr, Sa. 9–13 Uhr

Radfahren

Auch in Kassel prägen Radfahrer immer mehr das Stadtbild. Bergige Routen und der nach wie vor starke Autoverkehr sorgen jedoch dafür, dass die Stadt weiterhin **kein Paradies für Fahrradfahrer** ist. Im Fahrradklimatest des Allgemeinen Deutschen

071ka-cl

Fahrrad-Clubs (ADFC) landet Kassel zumeist nur im Mittelfeld. Dennoch ist in den vergangenen Jahren einiges getan worden, um das Radfahren attraktiver zu gestalten. Um den Ausstoß an klimaschädlichem Kohlendioxid zu reduzieren, hat sich die Stadt auf die Fahnen geschrieben, den **Anteil des Radverkehrs** am gesamten Verkehrsaufkommen bis **2030 deutlich zu erhöhen.** Diverse Wege wurden deshalb neu ausgebaut und beschildert und weitere reine Fahrradstraßen geplant bzw. freigegeben. Jahrelang sehr beliebt war das Fahrrad-Vermietsystem Konrad, bei dem 500 Fahrräder an mehr als 50 Stationen in der Stadt zum Ausleihen bereitstanden. Seit Anfang 2018 haben die blauen Fahrräder von **Nextbike** die grün-weißen Konräder abgelöst. Sie verfügen über sieben Gänge, einen Nabendynamo und einen Bikecomputer, der das elektronische Gabelschloss steuert.

Um die Stadt mit dem Fahrrad zu erkunden, bietet sich vor allem die **Entdecker-Runde** an, ein insgesamt 48-Kilometer-Radweg, der durch 18 der 23 Stadtteile Kassels führt. Sowohl die bekannten als auch die eher weniger beachteten Sehenswürdigkeiten der Stadt können dabei erkundet werden. Tafeln entlang der Strecke bieten den Radfahrern Informationen zu den Sehenswürdigkeiten. Der Start ist dabei überall möglich, im Großen und Ganzen verläuft die Route durch ruhige Wohnstraßen oder auf befestigten Wegen in Grünzügen. **Ein Faltblatt** zur Entdecker-Runde mit Streckenverlauf und weiteren Erläuterungen sind kostenlos an den Tourist-Informationen (s. S. 116) und am Servicepoint am Rathaus erhältlich.

Eine wichtige Hilfe für Radler in Kassel ist der **Fahrradstadtplan,** auf dem das komplette Radverkehrsnetz der Stadt und der angrenzenden Gemeinden verzeichnet ist. Neben dem Verlauf der Routen sind darin auch Angaben zu Steigungen, schlechten Oberflächen und Gefahrenstellen integriert. Für 4,50 € kann er unter anderem in Buchhandlungen und im Rathaus erworben werden.

> **Nextbike,** Tel. 030 69205046, www. nextbike.de. Rund um die Uhr können per Telefon oder online an mehr als 50 Stationen in Kassel Räder für eine relativ geringe Gebühr ausgeliehen werden. Nach einer Registrierung (telefonisch, per App oder über die Website) stehen die Fahrräder zur Verfügung. Die Preise starten bei 1 € für 30 Minuten und gehen bis 9 € pro Tag.

Sport und Erholung

Eine Stadt am Wasser und mit zahlreichen Parkanlagen – da liegt es doch schon recht nahe, auch mal ein wenig Sport zu treiben. Für Jogger gibt es viele verschiedene Möglichkeiten, sich auszutoben und gleichzeitig einen herrlichen Panoramablick zu genießen –, zum Beispiel bei einer Route durch die Karlsaue. Doch auch die angrenzende Fuldaaue, der Park Schönfeld, die Dönche und die vielen weiteren Grünanlagen in der Stadt stehen zur Auswahl und mit dem **Kassel-Marathon** (s. S. 99) findet jedes Jahr im September eine attraktive und herausfordernde Laufveranstaltung statt. Doch nicht nur Jogger kommen in Kassel auf ihre Kosten.

▷ *Wer es sportlich mag, kann sich auch auf der Fulda austoben*

073ka-cl

Badeseen

S115 [fk] **Buga-See,** Buslinie 12 bis „Fuld-
aseen" oder Buslinie 16 bis „Gärtner-
platzbrücke". Baden, Angeln, Windsur-
fen, Fahrradfahren: Die Freizeitmöglichkeiten an dem 34 Hektar großen
Buga-See sind zahlreich. Inmitten der
Fuldaaue gelegen, zieht der zur Bundesgartenschau 1981 angelegte See
jeden Sommer zahlreiche Gäste aus der
Region an – und das bei kostenlosem
Eintritt. Für Kinder gibt es unter anderem
einen Abenteuer- und Wasserspielplatz
mit Klettergeräten und Seilbahn. FKK-
Anhänger verfügen über einen eigenen
Bereich am südwestlichen Ufer.

Schwimmbäder und Thermen

S116 [fj] **Auebad,** Auedamm 21, Buslinie
16 bis „Auebad", Tel. 7822451, www.
kassel-auebad.de, geöffnet: Mo.–So.
10–22 Uhr, Eintritt für den ganzen Tag:
Erw. 5,50 €, Kinder/erm. 4,50 €, Familienkarte 15 €. Das Hallen- und Freibad liegt eingebettet zwischen Karlsaue
und Fulda. Der Komplex punktet auch
mit einer modernen Saunalandschaft.
Zwischen Mai und Ende August hat
man die Möglichkeit, draußen Beach-

volleyball oder Boule zu spielen. Das
Hallenbad umfasst ein Sportbad mit
acht Bahnen und ein Familienbad mit
einer Riesen-Wasserrutsche sowie
Massagedüsen.

S117 [F3] **Freibad Wilhelmshöhe,** Kurhaus-
straße 31, Buslinien 11, 23 und 52 bis
„Freibad Wilhelmshöhe", Tel. 7822455,
www.freibad-wilhelmshöhe.de, geöffnet:
Mo.–Fr. 7–19 Uhr, Sa. u. So. 9–19 Uhr,
Eintritt: Erw. 3,50 €, Kinder/erm. 2,50 €,
Familienkarte 9 €. Ein ordentliches, sau-
beres Freibad mit großer Grünfläche,
das 2018 sogar zum besten Freibad von
Hessen gewählt wurde.

S118 [F2] **Kurhessen-Therme,** Wilhelmshöher Allee 361, Straßenbahnlinie 1 bis
„Wilhelmshöher Allee", Tel. 318080,
www.kurhessen-therme.de, geöffnet:
Mo., Di., Do., So. 9–23 Uhr, Mi., Fr.,
Sa. 9–24 Uhr, Preise s. Website. In der
Einrichtung in der Nähe des Bergparks
kommen vor allem Sauna-Fans voll auf
ihre Kosten. In einer modernen Saunalandschaft stehen ihnen gleich mehrere
Räume zum Schwitzen zur Verfügung.
Ein weiteres Highlight: Der orientalisch
anmutende Wellnessbereich mit Ther-
malbecken, Dufttempeln und Ruhe-
becken. Dazu punktet die Therme mit
einem großen Außenbereich.

Wassersport

S119 Fulle-Marie, Uferstraße 6, Tel. 583647, www.fulle-marie.de. Wer sich auf der Fulda sportlich betätigen möchte, kann sich hier Kanus und auch Boards für Stand-up-Paddling ausleihen. Darüber hinaus können hier auch individuelle Touren auf anderen Flüssen für größere und kleinere Gruppen organisiert werden.

Klettern

S120 Kletterwald Kassel, Hohes Gras, Straßenbahnlinie 4 bis Endhaltestelle „Druseltal", dort weiter mit der Buslinie 22 bis „Essigberg" oder „Hohes Gras", Tel. 05251 8719471, www.kletterwald-kassel.de, variierende Öffnungszeiten (von Witterungs- und Lichtverhältnissen abhängig), Eintritt: Erw. 23 €, Schüler/Studenten 19,50 €, Familien (ab drei Personen) 19,50 €/Person. Spaß und Spannung sind garantiert: Verschiedene Parcours mit unterschiedlichen Schwierigkeitsgraden stehen zur Auswahl.

S121 Kletterzentrum Kassel – Vertical World, Lilienthalstraße 23, Straßenbahnlinien 4 oder 8 bis „Leipziger Platz" oder Bus 37 bis „Wohnstraße AEG", Tel. 5790505, www.verticalworld.de, geöffnet: Mo., Mi., Fr. 10–22.30, Di., Do. 14–22.30, Sa. 10–21.30, So. 10–21 Uhr, Eintritt: Erw. 12 €, Studenten 9 €, Kinder 7 €. Mit einer Wandhöhe von bis zu 18,50 Metern ist Vertical World eine der höchsten Kletterhallen Deutschlands. Auch Bouldern ist hier möglich.

Wintersport

S122 [ej] **Eissporthalle Kassel,** Am Auestadion 1, Straßenbahnlinien 5 oder 6 bis zum Auestadion, Tel. 9289468, www.kassel-huskies.com, geöffnet: wechselnde Zeiten. In der Heimat des Eishockeyteams Kassel Huskies gibt es auch immer wieder die Möglichkeit, auf der rund 30 mal 60 Meter großen Eisfläche Schlittschuh zu laufen und Pirouetten zu drehen. Samstags findet zudem eine Eisdisco statt.

Wenn in der kalten Jahreszeit die **Seen** in Kassel zugefroren sind, bilden sie eine herrliche Möglichkeit, auf der Eisschicht ein paar Runden mit Schlittschuhen zu drehen. Vor allem der Lac **26** und der Buga-See sind bei den Einwohnern Kassels sehr beliebt. Doch Vorsicht: Man sollte sich vorher informieren, ob die Seen tatsächlich freigegeben sind.

Aufgrund der zahlreichen Erhebungen im Umland von Kassel kommen auch **Ski- und Rodelfans** voll auf ihre Kosten. Der waldreiche Naturpark Habichtswald befindet sich unweit des Bergparks westlich der Stadt. Auf der höchsten Erhebung des Areals, dem Hohen Gras, befindet sich ein mit Lift ausgestattetes Skigebiet. Die Piste verfügt über eine Länge von 510 Metern. In unmittelbarer Nähe findet man zudem eine 200 Meter lange Rodelstrecke sowie Langlaufstrecken vor. Mit öffentlichen Verkehrsmitteln (Buslinie 22), aber auch mit dem Auto, ist der Naturpark gut zu erreichen. Weitere Informationen unter Tel. 3162695 oder www.skilift-hohesgras.de.

Stadttouren

Ob mit dem Bus, zu Fuß oder per Segway – den Möglichkeiten für eine Stadttour scheinen kaum Grenzen gesetzt. Zahlreiche Führungen werden dabei von Kassel Marketing organisiert. Einen detaillierten Überblick erhält man unter www.kassel-marketing.

de oder bei den Tourist-Informationen (s. S. 116). Die Museumslandschaft Hessen Kassel bietet regelmäßig Führungen im Bergpark und im Schloss Wilhelmshöhe an und auch weitere Anbieter locken mit ihren Touren.

> **Auf den Spuren der Brüder Grimm,** Tel. 707707, www.kassel-marketing. de. Jacob und Wilhelm Grimm verbrachten viele Jahre in Kassel. Bei dieser zweistündigen Tour werden Orte besucht, die mit dem Leben und Wirken der Brüder eng verknüpft sind. Tickets: Erw. 10 €, Kinder 8 €.

> **Bunkerführung im Weinberg,** Tel. 0175 2865617. Die Stollenanlage im Weinberg wurde lange Zeit zur Biereinlagerung verwendet. Während des Zweiten Weltkriegs wurde sie zu einem Luftschutzbunker umgebaut. Der Feuerwehrverein bietet an jedem ersten Montag des Monats Führungen in den Stollen an – dazu sollte man sich allerdings warme Kleidung anziehen. Tickets: 5 €.

> **documenta-Geschichte(n),** Tel. 707707, www.kassel-marketing.de. Seit ihrer ersten Austragung im Jahr 1955 gehört die documenta zu den unumstrittenen Aushängeschildern der Stadt. Im Laufe der Jahrzehnte hat die Ausstellung mitsamt der damit verbundenen Kunstwerke ihre Spuren im Stadtbild hinterlassen – und zugleich zahlreiche spannende Geschichten produziert. Bei diesem Rundgang stehen vor allem diese Hintergrundinformationen zu den Ausstellungen und den Objekten im Vordergrund. Tickets: Erw. 10 €, Kinder 8 €.

> **Eat the World,** Tel. 030 20622990, www.eat-the-world.com. Bei dieser Stadtführung lernt man die kulinarischen Seiten der Stadt kennen. Sieben gastronomische Betriebe werden in drei Stunden besucht – dabei werden nicht nur Köstlichkeiten, sondern auch reichlich Anekdoten präsentiert. Tickets: Erw. 33 €, Kinder 20 €.

EXTRATIPP

Kassel Greeter

Besonders zu empfehlen sind die Touren der Kassel Greeter. Die ehrenamtlichen Stadtführer legen ihr Hauptaugenmerk nicht auf die typischen Touristenpfade, sondern wollen auch die Ecken und Kanten Kassels präsentieren. Dabei geben die Guides viele praktische Tipps zu Essens-, Ausgeh- oder Einkaufsmöglichkeiten in der nordhessischen Metropole. Sie teilen ihre Erfahrungen, Anekdoten und kuriosen Geschichten. Die individuell gestalteten Touren kosten keine Gebühr. Allerdings freuen sich die Stadtführer über eine kleine Spende. Um eine Tour zu vereinbaren, sollte man sich **mindestens zwei Wochen vorher anmelden.** An dem gewünschten Datum startet dann an einem vorher vereinbarten Ort die zwei- bis vierstündige Entdeckungstour durch Kassel – sei es zu Fuß oder mit öffentlichen Verkehrsmitteln.

> www.kasselgreeters.de

> **Hexen, Geister, Henkersknechte,** Tel. 62233, www.kassel-stadtrundfahrt.de. Bei dieser vierstündigen Tour mit dem „Gruselbus" sollte man starke Nerven haben, denn hierbei werden Orte des Schreckens angefahren. Mythen, Sagen und Legenden werden den Besuchern nähergebracht – inklusive Geschichten über Hexen, Hinrichtungen und Foltermethoden. Tickets: 36 € pro Person.

> **Hop-on-hop-off-Stadtrundfahrt,** Tel. 62233, www.kassel-stadtrundfahrt.de. In vielen Städten erfreuen sich diese Touren mit dem Doppeldeckerbus seit Jahren großer Beliebtheit – so auch in Kassel. Die 2½ Stunden dauernde Fahrt führt an den wichtigen Sehenswürdigkeiten der Stadt vorbei. An den mehr als zehn Haltestellen kann man aussteigen und später weiterfahren. Tickets: Erw. 16 €, Kinder 6 €.

> **Segway-Tour,** Tel. 05661 9083046, www.funmobi.de. Ein großer, aber nicht ganz günstiger Spaß ist die Segway-Tour, bei der man die Stadt zwei Stunden lang auf zwei Rädern erkundet. Tickets: 54 €.
> **Mit einem Marktweib durch Kassel,** Tel. 707707, www.kassel-marketing.de. Mit Dialekt und einem losen Mundwerk entführt eine Marktfrau die Besucher in die Stadtgeschichte. Allerlei Klatsch und Tratsch sowie kurzweilige Anekdoten aus dem früheren Markttreiben in Kassel werden hierbei unterhaltsam präsentiert. Tickets: 12 €.

Unterkunft

Das Angebot an Unterkünften in Kassel ist breit gefächert. In der Stadt stehen Betten in allen Preisklassen zur Verfügung, aber auch etwas außerhalb des Zentrums locken empfehlenswerte Hotelbetriebe.

Bei einigen Hotels ist im Übernachtungspreis **ein ÖPNV-Ticket** erhalten, das vom Anreise- bis zum Abreisetag gültig ist und zu Fahrten mit Bus, Straßenbahn und RegioTram im Tarifgebiet der Stadt berechtigt. Eine Auflistung, welche Hotels an der Aktion teilnehmen, findet man unter www.kvg.de. In den Hotels **im Stadtteil Bad Wilhelmshöhe** wird pro Nacht eine **Tourismusabgabe** in Höhe von 1 € pro Person erhoben.

Empfehlenswerte Unterkünfte

🏨**123** [J2] **Adesso Hotel Astoria** €€€, Friedrich-Ebert-Straße 135. Tel. 72830, www.adessohotel.de. **Direkt im Vorderen Westen:** familiäres Hotel gegenüber der Friedenskirche mit modernen Zimmern und Suiten auf fünf Etagen. Gutes und preiswertes Frühstück.

🏨**124** [Q3] **B&B Hotel** €, Waldauer Fußweg 3. Tel. 574490, www.hotelbb.de. **Preiswert und solide:** 2013 in einer ehemaligen Textilfabrik eröffnet. Gemütliche Zimmer mit Motivtapeten zu Kassel an der Wand. Das preisgünstige Hotel bietet auch Familienzimmer an.

🏨**125** [O1] **Best Western Plus** €€–€€€, Spohrstraße 4. Tel. 72850, www.bestwesternhotelkassel.de. **Zentraler geht es kaum:** komfortables Hotel bei der Kurfürsten-Galerie mit 128 Zimmern und freundlichem Service.

🏨**126** [eh] **Foto-Motel** €, Wolfhager Straße 53. Tel. 626262, www.foto-motel.de. **Unkonventionell und alternativ:** Die Zimmer und Apartments sind allesamt individuell und sehr liebevoll gestaltet. Nette, zuvorkommende Betreiber.

🏨**127** [dh] **H4 Hotel Kassel** €€, Baumbachstraße 2. Tel. 78100, www.h-hotels.com. **Geräumige Zimmer in guter Lage:** Das modern eingerichtete Hotel mit 169 Zimmern und Suiten befindet sich direkt

[▷] *Stars wie Heinz Rühmann feierten im legendären Hotel Reiss ihre Filmpremieren*

am Stadthallengarten. Schöner Panoramablick vom Wellnessbereich in der 14. Etage, der neben einer Sauna auch ein Dampfbad und einen Fitnessraum enthält. Leckeres, reichhaltiges Frühstück.

128 [O1] **Hotel Excelsior** €, Erzbergerstraße 2. Tel. 7664640, www.excelsiorkassel.de. **Ideal für Geschäftsreisende:** solide, moderne und helle Ausstattung. In unmittelbarer Nähe des Kulturbahnhofs und freundliches Personal.

129 [N1] **Hotel Reiss** €€, Werner-Hilpert-Straße 24. Tel. 521400, www.hotelreiss. de. **Legendär, aber trotzdem modern:** Nachdem das 1855 erbaute imposante Hotel Kaiserhof im Zweiten Weltkrieg zerstört wurde, errichtete man 1952 an dieser Stelle das Hotel Reiss, in dem im Anschluss zahlreiche Filmpremieren, rauschende Bälle und Varieté-Aufführungen gefeiert wurden. Stars wie Pierre Brice, Hildegard Knef, Heinz Rühmann und Uschi Glas gehörten in dieser Zeit zu den Gästen. Mittlerweile ist das Hotel am Kulturbahnhof grundlegend saniert worden, hat aber nicht seinen unvergleichlichen Charme verloren.

130 [L1] **Jugendherberge Kassel** €, Schenkendorfstraße 18. Tel. 776455, www.jugendherberge.de. **Viel mehr als**

Preiskategorien

Die Preiskategorien gelten für eine Übernachtung für zwei Personen im Doppelzimmer ohne Frühstück.

€	bis 70 €
€€	70–130 €
€€€	ab 130 €

Jugendherbergscharme: ein gutes Ziel, um den Geldbeutel zu schonen. In dieser Jugendherberge mit Hotelcharakter stehen insgesamt 209 Betten zur Verfügung, die meisten davon in Viererzimmern. Eine Mitgliedschaft im Deutschen Jugendherbergswerk ist nötig.

131 [F2] **Kurparkhotel** €€€, Wilhelmshöher Allee 336. Tel. 31890, www.kurparkhotel-kassel.de. **Wohnen und genießen:** beliebtes Tagungshotel am Fuße des Bergparks mit elegant eingerichteten Zimmern und sehr gutem Restaurant. Sehr reichhaltiges Frühstücksbuffet. Entspannung finden die Gäste im gepflegten Wellnessbereich mit Sauna, Solarium und Schwimmbad.

132 [ek] **La Strada** €€–€€€, Raiffeisenstraße 10. Tel. 20900, www.lastrada. de. **Gut angebunden:** verkehrsgünstig in

072ka-cl

Wohnen wie im Märchen

In einem alten Bauernhaus im Stadtteil Bad Wilhelmshöhe befindet sich seit November 2018 ein echtes Märchendomizil. Im Apartmenthaus Grimm's Living fühlen sich die Gäste in die zauberhaften Geschichten der Brüder Grimm hineinversetzt. Sei es Aschenputtel, Hänsel und Gretel oder Dornröschen: Jede der insgesamt sechs Wohnungen ist nach einem Märchen von Jacob und Wilhelm Grimm benannt – und passend dazu eingerichtet. Viele Details erschließen sich den Gästen dabei erst auf den zweiten Blick. Jedes Zimmer enthält neben einer Küche auch ein Märchenkochbuch und Bücher der Brüder Grimm. Außerdem gibt es für die Gäste eine Waschküche mit Waschmaschinen, Trockner und Bügeleisen. Das Schneewittchen-Apartment verfügt zudem über eine Sauna.

138 [H2] **Grimm's Living** €€€, Lange Straße 38. Tel. 57435406, www.grimms-living.de. Rabatte ab einem Aufenthalt von einer Woche.

der Nähe der A49, aber trotzdem ruhig gelegen. Komfortzimmer, Suiten, Apartments: In dem Hotel werden verschiedene Zimmertypen angeboten. Schöner Wellnessbereich mit Schwimmbad, Sauna und Fitnessgeräten.

133 [ek] **Premotel** €, Raiffeisenstraße 2–8. Tel. 506444455, www.premotel.de. **Gutes Preis-Leistungs-Verhältnis:** günstiges Business-Hotel mit großen, modern eingerichteten Zimmern und geräumigen Bädern. Das Hotel wird vom selben Betreiber geleitet wie das angrenzende La Strada.

134 [P2] **Renthof** €€€, Renthof 3. Tel. 506680, www.renthof-kassel.de. **Schlafen in historischem Ambiente:** Die 2017 eingeweihte Unterkunft wurde bereits ein Jahr später zu den 100 schönsten Hotels

in Europa gewählt. Im 13. Jahrhundert als Karmeliterkloster gebaut, diente das Gebäude schon als Hofschule, Ritterakademie und als Gerichts- und Verwaltungssitz. Sehr zentrale Lage neben City, Fulda und Auepark. Zimmer teilweise etwas klein, dafür sehr gemütlich.

135 [D1] **Schlosshotel** €€-€€€, Schlosspark 8. Tel. 30880, www.schlosshotel-kassel.de. **Entspannen im Grünen:** gediegenes und gut ausgestattet Hotel mitten im Bergpark mit 130 Zimmern und Suiten. Gäste können zwischen verschiedenen lukrativen Arrangements mit Zusatzleistungen wählen. Das Hotel verfügt zudem über eine große Spa-Oase mit Saunen, einem Indoorpool und einem Fitnessbereich.

136 [H2] **Schweizer Hof** €€-€€€, Wilhelmshöher Allee 288. Tel. 93690, www.hotel-schweizerhof-kassel.de. **Beliebtes Business- und Tagungshotel:** unweit des Bahnhofs Wilhelmshöhe gelegen. Verschiedene Arrangements, die von Wellness bis zu kulinarischen Angeboten reichen.

137 [O2] **Stadthotel** €€, Wolfsschlucht 21. Tel. 788880, www.stadthotel-kassel.de. **Im Herzen der Stadt:** einfach, gemütlich, günstig – und mitten in der City. Ein Highlight ist die 1950er-Jahre-Suite mit Einrichtungsgegenständen aus der damaligen Zeit.

Camping

⚠ **139** [ek] **Campingplatz Kassel**, Giesenallee 9. Tel. 72989346, www.campingplatz-kassel.de. **Ein Campingplatz in perfekter Lage:** direkt an der Fulda gelegen, in unmittelbarer Nachbarschaft zum Staatspark Karlsaue und dem Buga-See. Auch die Innenstadt ist nur rund drei Kilometer entfernt. Das Areal bietet Standplätze in drei Größenklassen (ab 18 €) und verfügt über einen separaten Wohnmobilplatz.

Verkehrsmittel

Bus und Bahn

Im hügeligen Kassel bietet es sich durchaus an, Bus oder Bahn zu nutzen, um die eigenen Füße etwas zu schonen. Der Beginn des öffentlichen Nahverkehrs fällt ins Jahr 1877, als zwischen Wilhelmshöhe und dem Königsplatz eine dampfbetriebene Straßenbahn eröffnet wurde. Mittlerweile umfasst das Netz acht **Straßenbahn-** und dutzende **Buslinien**, die von der **Kasseler Verkehrs-Gesellschaft** (KVG) betrieben werden.

Neben den herkömmlichen Straßenbahnen gibt es zudem die silbrigweißen **RegioTram-Fahrzeuge**, die sowohl das Schienennetz der Deutschen Bahn als auch das Straßenbahnnetz befahren und mit denen man ohne umzusteigen aus der Region Richtung Hofgeismar, Melsungen oder Wolfhagen in die Innenstadt gelangt. Betrieben wird die RegioTram seit 2013 von der RegioTram Gesellschaft, an der die KVG und die Hessische Landesbahn jeweils zur Hälfte beteiligt sind.

Busse und Straßenbahnen fahren recht häufig, sind sehr zuverlässig und verbinden das Stadtzentrum mit den anderen Stadtteilen. In der Regel verkehren die zentralen Bus- und Straßenbahnlinien bis 23 Uhr, in den Nächten vor Samstag, Sonntag und Feiertagen gibt es zudem spezielle „Nachtschwärmer"-Fahrten. Achtung: Einige davon werden in einem Sammeltaxi durchgeführt, die 15 bzw. 30 Minuten im Voraus bestellt werden müssen. Mehr Informationen zu den Linien, Abfahrtszeiten und die Telefonnummern für diesen Service findet man unter www.kvg.de/fahrplan/nachtschwaermer.

Für Fahrten, die innerhalb Kassels beginnen und enden, gilt die **Preisstufe Stadt Kassel**. Die vierzehn angrenzenden Umlandgemeinden wie Calden, Habichtswald und Fuldatal können mit einem Ticket der Preisstufe **KasselPlus** erreicht werden. **Kinder** bis sechs Jahre fahren kostenlos bzw. zahlen im Alter von 6 bis 14 Jahren für eine Fahrt innerhalb Kassels 1,80 € (KasselPlus 2,30 €). **Erwachsene** zahlen 3 € für eine Einzelfahrt (KasselPlus 3,90 €). Weitere Tickets u. a.:

> **5er-Ticket:** Erw.: 2,70 €/Fahrt innerhalb Kassels (KasselPlus 3,40 €), Kinder: 1,40 €/Fahrt innerhalb Kassels (KasselPlus 1,90 €)
> **Multiticket:** 7,80 € (Kassel Plus 9,90 €), ab Entwertung 24 Stunden gültig, gilt für bis zu fünf Personen, von denen höchstens zwei 18 Jahre oder älter sein dürfen
> **Wochenkarte:** 24 € (nur als KasselPlus-Version erhältlich), der Preis ist für Kinder und Erwachsene derselbe

Fahrkarten sind am Automaten, beim Busfahrer, im Kundenzentrum der KVG in der Kurfürsten-Galerie oder in einer von 70 Vorverkaufsstellen in Kassel und Umgebung erhältlich. Einen Überblick über die Vorverkaufsstellen erhält man unter www.kvg.de/service.

Achtung: **Beim Busfahrer ist nur Barzahlung** möglich, wohingegen die Tickets am Automaten auch per EC-Karte bezahlt werden können. Auf den Fahrscheinen ist zudem vermerkt, ob sie **nach dem Kauf noch entwertet** werden müssen. Dies kann man an den einzelnen Haltestellen machen.

Darüber hinaus kann man sich mittlerweile sein Ticket natürlich auch ganz bequem per **NVV-App** kaufen (s. S. 118).

Taxis

Taxistände sind über die gesamte Stadt verteilt und im Zentrum unter anderem am Hauptbahnhof, am Friedrichsplatz ❷ und am Hessischen Landesmuseum ㉓ zu finden. Die Grundgebühr beträgt 2 €. Während der erste gefahrene Kilometer mit 3,60 € berechnet wird, schlagen die weiteren Kilometer jeweils mit 1,60 € zu Buche.

> Taxi Service Zentrale,
> Am Bettenhäuser Bahnhof,
> Tel. 88111, www.taxi88111.de
> Taxi Schneider,
> Tischbeinstraße 110, Tel. 701313,
> www.taxi-schneider-kassel.de
> Minicar Citycar,
> Angersbachstraße 2a, Tel. 811081,
> www.minicar-online.de

Wetter und Reisezeit

Eigentlich ist Kassel zu jeder Jahreszeit und bei jedem Wetter ein lohnendes Reiseziel. Generell ist das Klima in Kassel deutlich milder und wärmer als im nahen Mittelgebirge. Die Stadt befindet sich im sogenannten **Kasseler Becken**, das eigentlich ein Talkessel ist, der von Bergzügen umgeben ist. Deshalb ist Kassel auch gut vor Unwettern geschützt. Am wärmsten ist es im Juli und August, wo die Durchschnittstemperatur jeweils

rund 18 Grad beträgt. Tagsüber liegt die durchschnittliche Höchsttemperatur in diesen Monaten bei knapp 24 Grad. Mit vielen Sonnenstunden bietet der Sommer ideale Bedingungen für Wassersport, Baden und ausgedehnte Spaziergänge in den zahlreichen Parks. Doch auch der Winter übt seinen speziellen Reiz aus, vor allem dann, wenn die **zugefrorenen Seen zum Schlittschuhlaufen** oder der Märchenweihnachtsmarkt zum Genuss von Glühwein verführen. In der Umgebung von Kassel gibt es für Sportbegeisterte zudem zahlreiche attraktive Skipisten.

Reisende kommen also in Kassel fast das ganze Jahr über auf ihre Kosten, allerdings muss man in der Stadt und im Umland immer wieder mit **Niederschlag** rechnen. Die meisten Regentage verzeichnet Kassel im Dezember und Januar, dicht gefolgt vom Juli. Schönste Reisezeiten sind Sommer und Herbst, wenn in der Stadt viele kulturelle Veranstaltungen locken und die Pflanzen in den zahlreichen Parkanlagen in bunten Farben erstrahlen.

▷ *Begrüßt die Besucher vor dem Kulturbahnhof: das Kunstwerk „Man Walking to the Sky" (s. S. 21)*

Durchschnitt	**Wetter in Kassel**											
Maximale Temperatur	3°	4°	9°	13°	18°	20°	23°	23°	18°	13°	7°	4°
Minimale Temperatur	−2°	−2°	2°	4°	8°	11°	13°	13°	10°	6°	2°	0°
Regentage	11	8	11	9	10	11	9	9	9	9	11	13
	Jan	Febr	März	Apr	Mai	Juni	Juli	Aug	Sept	Okt	Nov	Dez

ANHANG

Register

Lust auf Reisen?

Der Reise Know-How Verlag bietet (fast) alles für Reisende, von Backpacker bis Städteurlauber.

Reiseführer – praktische Reisetipps von kompetenten Landeskennern

CityTrip – kompakte Informationen für Städtekurztrips

CityTripPLUS – umfangreiche Informationen für ausgedehnte Städtetouren

InselTrip – kompakte Informationen für den Kurztrip auf beliebte Urlaubsinseln

Wohnmobil-Tourguides – praktische Reisetipps für Wohnmobil-Reisende

Wohnmobil-Tourguide Logbuch – ein Buch für alles, was auf Fahrten wichtig ist

Wanderführer – exakte Tourenbeschreibungen mit Karten und Anforderungsprofilen

KulturSchock – Orientierungshilfe im Reisealltag

Die Fremdenversteher – kulturelle Unterschiede humorvoll auf den Punkt gebracht

ReiseSplitter – wahre Geschichten von außergewöhnlichen Reisen

Sachbücher – kompakte und praxisorientierte Handbücher rund um das Thema Reisen

Kauderwelsch-Sprachführer – schnell und einfach die Landessprache lernen

Kauderwelsch plus – Sprachführer mit umfangreichem Wörterbuch

world mapping project™ – aktuelle Landkarten, wasserfest und unzerreißbar

Reisetagebuch – das Journal für Fernweh und Reiselust

Edition REISE KNOW-HOW – Geschichten, Reportagen und Abenteuerberichte

Reisen? We know how!

**Unser Gesamtprogramm
und viele weitere Infos
rund um das Thema Reisen
finden Sie in unserem
Gesamtverzeichnis**

Der Autor

Christian Lang, Jahrgang 1987, stammt aus Göttingen. Die geografische Nähe zu Kassel sorgte dafür, dass er bereits in frühen Jahren mehrfach die hessische Stadt besuchte. Die Aufenthalte im knapp 50 Kilometer entfernten Kassel haben bei ihm einen bleibenden Eindruck hinterlassen, allen voran die vielen Grünanlagen haben es ihm angetan und auch in den Jahren danach riss der Bezug zur documenta-Stadt nicht ab.

Zwischen 2007 und 2010 studierte Lang Geschichte und Philosophie in seiner Heimatstadt, anschließend zog es ihn für sein Masterstudium nach Freiburg im Breisgau. Seit 2013 lebt der passionierte Tennisspieler wieder in Niedersachsen, wo er mittlerweile als Digitalredakteur bei der Neuen Osnabrücker Zeitung arbeitet. Noch mehr als das Schreiben liebt er es, auf Reisen zu gehen, um fremde Orte und Kulturen zu entdecken.

Danksagung

Ein besonderer Dank gilt meiner Ehefrau Verena, die mich bei diesem Projekt stets unterstützt und mir bei vielen Gelegenheiten den Rücken freigehalten hat. Zahlreiche hilfreiche Tipps zur Stadt Kassel und wertvolle Anregungen für die Recherche habe ich von Heinz Fundner erhalten, dem daher mein großer Dank gebührt. Auch die Zusammenarbeit mit Kassel Marketing hat sich als sehr fruchtbar erwiesen. Herzlich bedanken möchte ich mich zudem bei Jana, Andrea und Markus, ohne den ich wahrscheinlich nie die Chance gehabt hätte, dieses Buch zu verfassen.

Impressum

Christian Lang

CityTrip Kassel

© Reise Know-How Verlag
    Peter Rump GmbH
1. Auflage 2020

Alle Rechte vorbehalten.

ISBN 978-3-8317-3349-1

Printed in Germany

Druck und Bindung:
    mediaprint solutions GmbH, Paderborn

Herausgeber: Klaus Werner
Layout: amundo media GmbH (Umschlag, Inhalt),
    Peter Rump (Umschlag)
Lektorat: amundo media GmbH
Karten: Ingenieurbüro B. Spachmüller,
    amundo media GmbH
Anzeigenvertrieb: KV Kommunalverlag GmbH &
    Co. KG, Alte Landstraße 23, 85521 Ottobrunn,
    Tel. 089 928096-0, info@kommunal-verlag.de
Kontakt: Osnabrücker Str. 79, 33649 Bielefeld,
    info@reise-know-how.de

Alle Angaben in diesem Buch sind gewissenhaft geprüft. Preise, Öffnungszeiten usw. können sich jedoch schnell ändern. Für eventuelle Fehler übernehmen Verlag wie Autor keine Haftung.

Liste der Karteneinträge

▷ *Blick vom Bergpark (s. S. 60) auf Schloss Wilhelmshöhe* **27** *und über die Stadt*

Hier nicht aufgeführte Nummern
liegen außerhalb der abgebildeten
Karten. Ihre Lage kann aber wie die von
allen Ortsmarken im Buch mithilfe der
Web-App angezeigt werden (s. rechts).

Zeichenerklärung

✚ ⊕	Arzt, Apotheke, Krankenhaus
❶	Bar, Klub
🅱 🅱	Bibliothek
⊖	Café, Eiscafé
🏛	Denkmal
†	Friedhof
■	Geschäft, Kaufhaus, Markt
≋	Hallenbad
🏨	Hotel, Unterkunft
❶	Imbiss, Bistro
❶	Informationsstelle
🏠	Jugendherberge, Hostel
🎬	Kino
⇨	Kirche
☪	Moschee
🏛	Museum
🎵	Musikszene, Disco
🅿 🅿	Parkplatz
☞ ⚙	Polizei
⊠	Post
⊖	Pub, Kneipe, Biergarten
🍴	Restaurant
★	Sehenswürdigkeit
●	Sonstiges
🆂	Sport-/Spieleinrichtung
✡	Synagoge
☉ ☜	Theater
❷	Vegetarisches Restaurant
⚠	Zeltplatz, Camping
○	Haltestelle Tram/RegioTram
⬭	Shoppingareal
⬭	Gastro- und Nightlife-Areal
▬	Stadtspaziergang
	(s. S. 15)
★★★	nicht verpassen
★★	besonders sehenswert
★	wichtig für speziell
	interessierte Besucher

Kassel mit PC, Smartphone & Co.

QR-Code auf dem Umschlag scannen oder **www.reise-know-how.de/citytrip/ kassel20** eingeben und die **kostenlose Web-App** aufrufen (Internetverbindung zur Nutzung nötig)!

★ Anzeige der Lage und Satellitenan-sicht aller beschriebenen Sehenswürdig-keiten und weiterer Orte
★ **Routenführung** vom aktuellen Standort zum gewünschten Ziel
★ **Exakter Verlauf** des empfohlenen Stadtspaziergangs
★ **Updates** nach Redaktionsschluss

GPS-Daten zum Download
Die GPS-Daten aller Ortsmarken und des Spaziergangs können hier geladen werden: www.reise-know-how.de, dann das Buch aufrufen und zur Rubrik „Datenservice" scrollen.

Stadtplan für mobile Geräte
Um den Stadtplan auf Smartphones und Tablets zu nutzen, empfehlen wir die App „Avenza Maps" der Firma Avenza™. Über die Funktion „Store" kann die „Citymap Kassel 2020" kostenlos geladen werden.

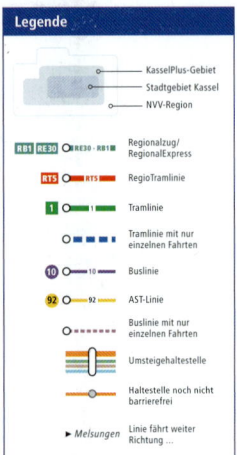

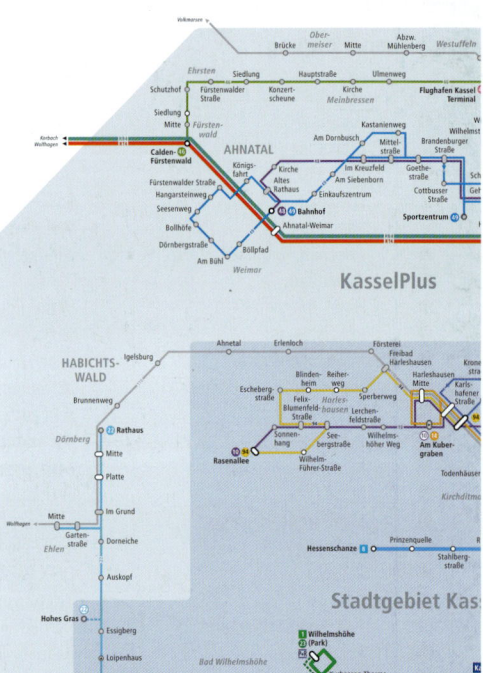

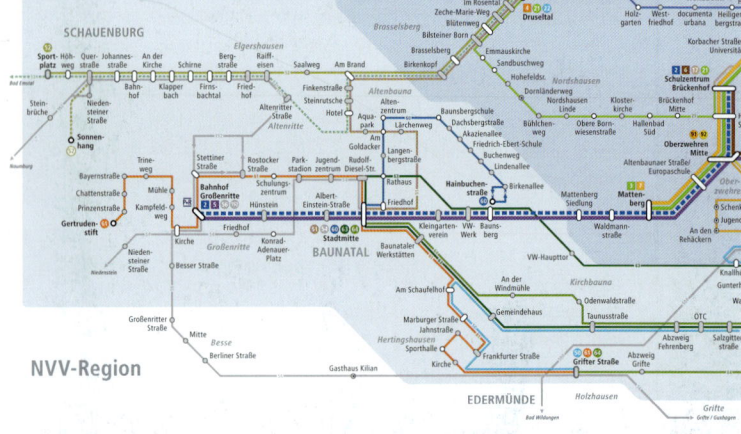